ノンフィクション童話

空《そら》飛《と》ぶ車《くるま》いす

心がつながるおくりもの

井上 夕香 文　鴨下 潤 画

素朴社

もくじ

第1部　ベトナムへ

第2部　アジアに広《ひろ》がる笑顔《えがお》

第1部 ベトナムへ

1　輸送《ゆそう》ボランティアの竹下《たけした》さん

きょう、二台《だい》の車《くるま》いすが、空《そら》を飛《と》びます。

「えっ、車《くるま》いすが空《そら》を飛《と》ぶ？」

「何《なに》か特別《とくべつ》な仕《し》かけでもあるのかな？」

いいえ、そうではありません。

二台《だい》の車《くるま》いすは『空飛《そらと》ぶ車《くるま》いす』の輸送《ゆそう》ボランティアとなった竹下恭《たけしたきょう》一《いち》さんの手荷物《てにもつ》として空《そら》を飛《と》ぶのです。

五年《ねん》ほど前《まえ》に企業《きぎょう》を定年退職《ていねんたいしょく》した竹下《たけした》さんは、自分《じぶん》にできるボランティアワークはないかと探《さが》していました。

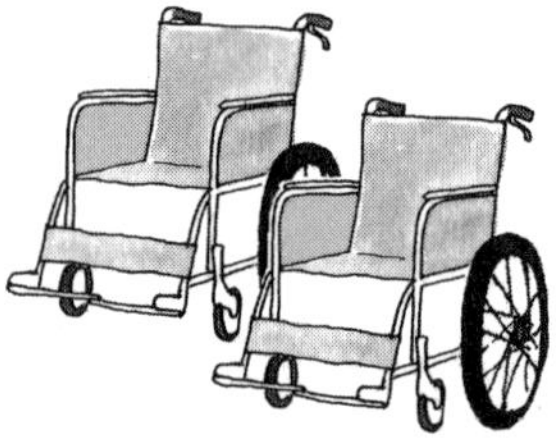

が、海外《かいがい》での暮《く》らしが長《なが》く、また旅行《りょこう》が大好《だいす》きな竹下《たけした》さんにあったボランティア活動《かつどう》はなかなか見《み》つかりませんでした。

そんなおりに竹下《たけした》さんは『空飛《そらと》ぶ車《くるま》いす』の活動《かつどう》を新聞《しんぶん》の記事《きじ》で知《し》ったのです。

日本《にほん》では、毎年《まいとし》三万台《まんだい》から五万台《まんだい》もの車《くるま》いすが使《つか》われなくなって捨《す》てられています。

それらの車《くるま》いすのうち、まだ修理《しゅうり》すれば使《つか》えるものを工業高校《こうぎょうこうこう》などの生徒《せいと》たちがボランティアで修理《しゅうり》して、車《くるま》いすが必要《ひつよう》でも手《て》にいれることができないアジアの国《くに》の人々《ひとびと》にプレゼントするというのが『空飛《そらと》ぶ車《くるま》いす』の活動《かつどう》です。

この活動《かつどう》に興味《きょうみ》をもった竹下《たけした》さんは『日社済《にっしゃさい》・空飛《そらと》ぶ車《くるま》いすを応援《おうえん》する会《かい》』に連絡《れんらく》して詳《くわ》しいことを聞《き》きました。

すると、この活動《かつどう》のなかに、修理《しゅうり》された車《くるま》いすをアジアの国々《くにぐに》に飛行《ひこう》機《き》で運《はこ》んでいく「輸送《ゆそう》ボランティア」という仕事《しごと》のあることがわかりました。

しかも今《いま》、ベトナムのゲアン省《しょう》に住《す》んでいる高橋紘美《たかはしひろみ》さんという女性《じょせい》が、貧《まず》しいヴィン村《むら》の人々《ひとびと》のために、一台《だい》でも多《おお》くの車《くるま》いすを贈《おく》りたいと「輸送《ゆそう》ボランティア」になってくれる人《ひと》を探《さが》しているという話《はなし》です。

紘美《ひろみ》さんは、政府《せいふ》が開発途上国《かいはつとじょうこく》に対《たい》して行《おこ》なっているＪＩＣＡ《ジャイカ》の青年《せいねん》海外協力隊員《かいがいきょうりょくたいいん》としてゲアン省《しょう》の片田舎《かたいなか》にあるギーロック県病院《けんびょういん》で助産《じょさん》師《し》として働《はたら》いていました。

また、その一方《いっぽう》で、ヴィン村《むら》に住《す》む体《からだ》の不自由《ふじゆう》な人《ひと》のために、現地《げんち》で車《くるま》いすを贈《おく》るボランティア活動《かつどう》をつづけていたのです。

「ほう、ベトナムでボランティアか。もしかしたら自分《じぶん》も協力《きょうりょく》できるかな？」
竹下《たけした》さんは『空《そら》飛《と》ぶ車《くるま》いすを応援《おうえん》する会《かい》』を訊《たず》ねて、自分《じぶん》が「輸送《ゆそう》ボランティア」になって、紘美《ひろみ》さんのところに車《くるま》いすを運《はこ》びたいと申《もう》し出《で》ました。

しばらくすると『空《そら》飛《と》ぶ車《くるま》いすを応援《おうえん》する会《かい》』から連絡《れんらく》がありました。竹下《たけした》さんが、ベトナムに運《はこ》ぶ二台《だい》の車《くるま》いすが、栃木工業高校《とちぎこうぎょうこうこう》の生徒《せいと》の手《て》によって準備《じゅんび》されたという知《し》らせでした。

おまけにこんなニュースも伝《つた》わってきたのです。

紘美《ひろみ》さんから「あと、三か月《げつ》で助産師《じょさんし》としての任務《にんむ》が終《お》わって帰国《きこく》します。こちらで贈《おく》った第《だい》一号《ごう》の車《くるま》いすが壊《こわ》れてしまっているので、高校《こうこう》生《せい》に修理《しゅうり》にきてもらえないでしょうか？　車《くるま》いすをもらって喜《よろこ》ぶ人《ひと》たちの笑顔《えがお》を高校生《こうこうせい》にも見《み》せたいし…。案内《あんない》は私《わたし》が責任《せきにん》をもっていたします」

という相談《そうだん》があったということです。

「うーん、紘美《ひろみ》さんの気持《きも》ちはわかるけどね」

担当者《たんとうしゃ》は困《こま》ってしまいました。

これはたしかにいい考《かんが》えですが、いきなり高校生《こうこうせい》をベトナムまで行《い》かせることはちょっとできない相談《そうだん》です。

そこで当時《とうじ》、日社済《にっしゃさい》（財団法人日本社会福祉弘済会《ざいだんほうじんにほんしゃかいふくしこうさいかい》）の事務所《じむしょ》でアルバイトをしていた神奈川工科大学《かながわこうかだいがく》四年生《ねんせい》の堀口裕美《ほりぐちゆみ》さんにこのことを相談《そうだん》してみました。

「えっ、車《くるま》いすが壊《こわ》れてる？　それなら、ぜひ直《なお》しに行《い》かなくては！　でも…」

裕美《ゆみ》さんは口《くち》をつぐんでしまいました。

むりもありません。彼女《かのじょ》はそのころ、就職活動《しゅうしょくかつどう》の真《ま》っ最中《さいちゅう》だったのです。

ところがとんとん拍子《びょうし》に物《もの》ごとが運《はこ》んで、裕美《ゆみ》さんの就職《しゅうしょく》が思《おも》ったよりずっと早《はや》く内定《ないてい》しました。

「よかった。これならベトナムに行《い》ける！」

裕美《ゆみ》さんは、さっそく工具《こうぐ》などを準備《じゅんび》して「修理《しゅうり》ボランティア」としてベトナムに行《い》く計画《けいかく》をたてました。

そんなさなかに竹下《たけした》さんの「輸送《ゆそう》ボランティア」希望《きぼう》の話《はなし》が持《も》ち込《こ》まれたのです。

竹下《たけした》さんは、打《う》ち合《あ》わせるために日社済《にっしゃさい》の佐々木俊一《ささきしゅんいち》さんに会《あ》いました。

「竹下《たけした》さん、実《じつ》はこうなんです」

佐々木《ささき》さんは説明《せつめい》しました。

「私《わたし》も同《おな》じころに仕事《しごと》で台湾《たいわん》にいくので車《くるま》いすを二台運《だいはこ》びます。車《くるま》いすは五台準備《だいじゅんび》できるので、かえりにベトナムへ寄《よ》ることにすれば、竹下《たけした》さんに運《はこ》んでいただく二台《だい》のほかに、あと三台《だい》の車《くるま》いすをベトナムに届《とど》けることができます。紘美《ひろみ》さんの任期《にんき》が、あと三か月《げつ》で終《お》わって帰国《きこく》ということですから、それまでになるべくたくさんの車《くるま》いすをヴィン村《むら》の人《ひと》たちに届《とど》けたいのです。あ、いい忘《わす》れましたが、神奈川工科大学《かながわこうかだいがく》の堀口《ほりぐち》裕美《ゆみ》さんも修理《しゅうり》ボランティアとして同行《どうこう》します」

「そうですか。それはすばらしい。私《わたし》も心強《こころづよ》いです。ぜひ、ごいっしょさせていただきましょう」

竹下《たけした》さんの顔《かお》に笑《え》みが浮《う》かびました。

ゲアン省《しょう》のヴィン村《むら》は、首都《しゅと》のハノイから夜行列車《やこうれっしゃ》なら七時間《じかん》もかかるところにある田舎《いなか》です。

七十五歳《さい》の竹下《たけした》さんにとって、板《いた》の座席《ざせき》にゴザを敷《し》いただけの夜行列《やこうれっ》車《しゃ》の旅《たび》は、きつ過《す》ぎるかもしれません。

それを察《さっ》した佐々木《ささき》さんは現地《げんち》に連絡《れんらく》した上《うえ》で、レンタカーを使《つか》うことをすすめました。

「紘美《ひろみ》さんは、運転手《うんてんしゅ》つきのレンタカーで移動《いどう》することをすすめています。日本《にほん》のように高《たか》いお金《かね》はかかりませんし、大勢《おおぜい》で乗《の》っても値段《ねだん》は同《おな》じです。以前《いぜん》にチイちゃんという女《おんな》の子《こ》に、世田谷泉高校《せたがやいずみこうこう》が修理《しゅうり》した車《くるま》いすを届《とど》けた工藤向先生《くどうひさせんせい》もご年配《ねんぱい》なのでレンタカーを頼《たの》んだそうです」

「ほう、その方《かた》もゲアン省《しょう》のヴィン村《むら》まで行《い》かれたのですか?」

「ええ、工藤先生《くどうせんせい》は、紘美《ひろみ》さんの高校時代《こうこうじだい》のテニス部《ぶ》の先生《せんせい》なんです。教《おし》え子《ご》がベトナムの田舎《いなか》の病院《びょういん》で頑張《がんば》っていることを知《し》って、一度職場《いちどしょくば》をのぞいてみたいと思《おも》われたようです。それで紘美《ひろみ》さんは、どうせ来《こ》られるならぜひ車《くるま》いすを運《はこ》んできてくださいとお願《ねが》いしたのです。それでこちらで準備《じゅんび》しました」

「そうですか。では、チイちゃんというお子《こ》さんに直接届《ちょくせつとど》けられたのですね?」

「チイちゃんは、体《からだ》が不自由《ふじゆう》で歩《ある》けない十二歳《さい》の子《こ》どもです。学校《がっこう》から二〇〇メートルぐらいのところに住《す》んでいましたが、工藤先生《くどうせんせい》が車《くるま》いすを届《とど》けるまでは学校《がっこう》に行《い》けませんでした。でも今《いま》ではおばあちゃんに車《くるま》いすを押《お》してもらって学校《がっこう》に通《かよ》っているそうです」

「それはよかったですね。高校生《こうこうせい》がプレゼントした車《くるま》いすのおかげでチイちゃんの人生《じんせい》が変《か》わったといってもいいですね。それにしても『空飛《そらと》ぶ車《くるま》いす』の仕組《しく》みはよくできていますね。すべてがボランティアでなりたっているところがすごいです」

竹下《たけした》さんが感心《かんしん》した『空飛《そらと》ぶ車《くるま》いす』の活動《かつどう》は、次《つぎ》の五つのボランティアでできています。

一、車《くるま》いすの提供者《ていきょうしゃ》

施設《しせつ》、家庭《かてい》、病院《びょういん》などで故障《こしょう》したり、子《こ》どもが成長《せいちょう》してサイズが合《あ》わなくなり、使《つか》われなくなった車《くるま》いすを無料《むりょう》で提供《ていきょう》します。

二、収集《しゅうしゅう》ボランティア

車《くるま》いすは「収集《しゅうしゅう》ボランティア」により、修理《しゅうり》する工業《こうぎょう》高校《こうこう》などへ運《はこ》ばれます。

三、修理《しゅうり》ボランティア

日本全国《にほんぜんこく》の五十校以上《こういじょう》の工業高校《こうぎょうこうこう》などの生徒《せいと》たちがこの「修理《しゅうり》ボランティア」活動《かつどう》に参加《さんか》しています。

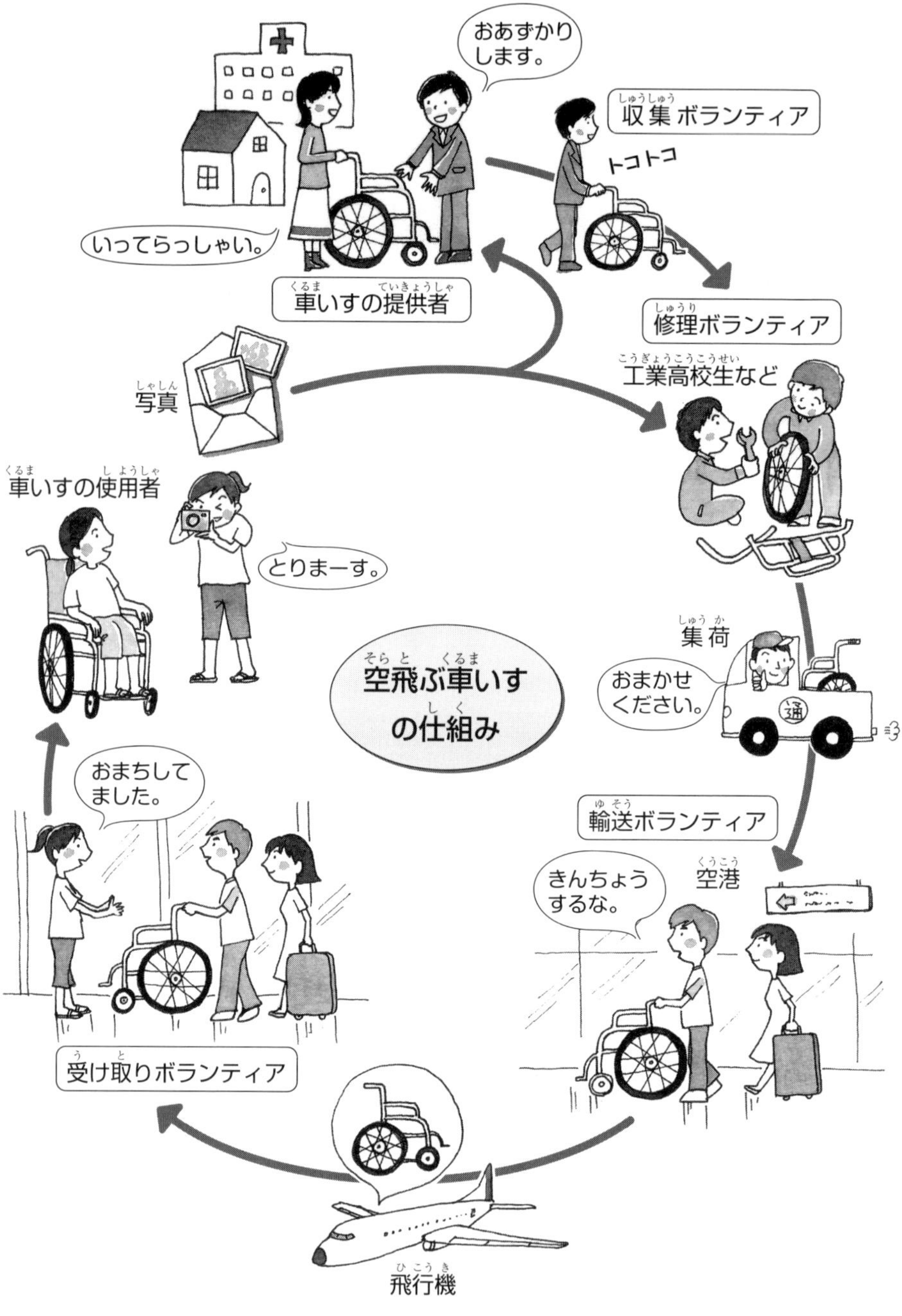
空飛《そらと》ぶ車《くるま》いす
の仕組《しく》み
おあずかりします。
収集《しゅうしゅう》ボランティア
トコトコ
いってらっしゃい。
車《くるま》いすの提供者《ていきょうしゃ》
修理《しゅうり》ボランティア
工業高校生《こうぎょうこうこうせい》など
写真《しゃしん》
車《くるま》いすの使用者《しようしゃ》
とりまーす。
集荷《しゅうか》
おまかせください。
輸送《ゆそう》ボランティア
空港《くうこう》
きんちょうするな。
おまちしてました。
受《う》け取《と》りボランティア
飛行機《ひこうき》

中古《ちゅうこ》の車《くるま》いすを分解《ぶんかい》して、部品《ぶひん》の洗浄《せんじょう》やタイヤの交換《こうかん》。サビとりなどの整備《せいび》を行《おこ》なうと同時《どうじ》に、故障《こしょう》したところを修理《しゅうり》します。

四、輸送《ゆそう》ボランティア

●A《エー》コース（空港渡《くうこうわた》し）

旅行者《りょこうしゃ》は飛行機《ひこうき》で車《くるま》いすを運《はこ》び、「受《う》け取《と》りボランティア」に渡《わた》します。

●B《ビー》コース（直接渡《ちょくせつわた》し）

旅行者《りょこうしゃ》が、車《くるま》いすを必要《ひつよう》としている施設《しせつ》や子《こ》どもたちに、直接《ちょくせつ》届《とど》けます。

五、受《う》け取《と》りボランティア

空港《くうこう》で「輸送《ゆそう》ボランティア」が運《はこ》んできた車《くるま》いすを受《う》けとって現《げん》地《ち》で車《くるま》いすを必要《ひつよう》としている人々《ひとびと》に渡《わた》します。

と同時《どうじ》に最後《さいご》に受《う》け取《と》った人《ひと》たちの写真《しゃしん》と報告書《ほうこくしょ》を『空飛《そらと》ぶ車《くるま》いすを応援《おうえん》する会《かい》』を通《つう》じて高校生《こうこうせい》や車《くるま》いすの提供者《ていきょうしゃ》へ届《とど》けます。

また、航空会社《こうくうがいしゃ》も、「輸送《ゆそう》ボランティア」の仕事《しごと》に協力《きょうりょく》しています。荷物《にもつ》の目方《めかた》が十キロぐらいオーバーしても、追加料金《ついかりょうきん》を免除《めんじょ》して車《くるま》いすを飛行機《ひこうき》に乗《の》せてくれるのです。

この協力《きょうりょく》がなくては『空飛《そらと》ぶ車《くるま》いす』の活動《かつどう》はなりたちません。現地《げんち》の空港《くうこう》で「受《う》け取《と》りボランティア」をしているのは、全国社会福祉協議会《ぜんこくしゃかいふくしきょうぎかい》が行《おこ》なう「アジア社会福祉従事者研修《しゃかいふくしじゅうじしゃけんしゅう》」を一年間《ねんかん》にわたって受《う》けたアジアの人《ひと》たちです。

これらの人々《ひとびと》は、言葉《ことば》もわからない、友人《ゆうじん》もいない日本《にほん》にひとりで来《き》て、苦労《くろう》をしながら一年間《ねんかん》の社会福祉実習研修《しゃかいふくしじっしゅうけんしゅう》を終《お》えました。

そして研修《けんしゅう》が終《お》わったあとは故郷《こきょう》にもどって、福祉《ふくし》の仕事《しごと》をしながら、両国《りょうこく》のかけ橋《はし》となって働《はたら》いています。

戦争《せんそう》にまけたあと、食料《しょくりょう》がなかった時代《じだい》に日本《にほん》は海外《かいがい》から多《おお》くの援助《えんじょ》を受《う》けました。

特《とく》に「ＬＡ《ラ》ＲＡ《ラ》物資《ぶっし》」とよばれた食料援助《しょくりょうえんじょ》などは、多《おお》くの子《こ》どもたちの命《いのち》の糧《かて》となりました。

その後日本《ごにほん》は、ゆたかな国《くに》に成長《せいちょう》しました。その恩返《おんがえ》しをするのは今《いま》です。

「苦《くる》しかったときに受《う》けた海外《かいがい》からのありがたい援助《えんじょ》。それに応《こた》えるのは、今《いま》、アジアに向《む》けて発信《はっしん》する温《あたた》かい心《こころ》ではないか？」

この気持《きも》ちが高《たか》まって全国社会福祉協議会《ぜんこくしゃかいふくしきょうぎかい》が、二十三年前《ねんまえ》に「アジア社会福祉従事者研修《しゃかいふくしじゅうじしゃけんしゅう》」のプログラムをたちあげました。

今《いま》では一〇〇名《めい》を超《こ》える研修修了者《けんしゅうしゅうりょうしゃ》が、母国《ぼこく》で「受《う》け取《と》りボランティア」となって、日本《にほん》の高校生《こうこうせい》たちからの贈《おく》り物《もの》である車《くるま》いすを利用《りよう》者《しゃ》に届《とど》けたり、高校生《こうこうせい》たちの現地《げんち》での修理活動《しゅうりかつどう》をコーディネートするなど民間交流《みんかんこうりゅう》の場《ば》で活躍《かつやく》しています。

2　貧《まず》しい村《むら》に車《くるま》いすを！

二〇〇七年《ねん》七月二日《がつふつか》、すべての準備《じゅんび》が整《ととの》った竹下《たけした》さんは、成田国際空港《なりたこくさいくうこう》からベトナムのハノイに向《む》けて、出発《しゅっぱつ》することになりました。

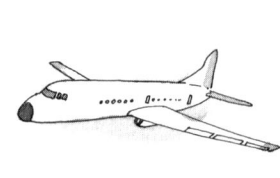

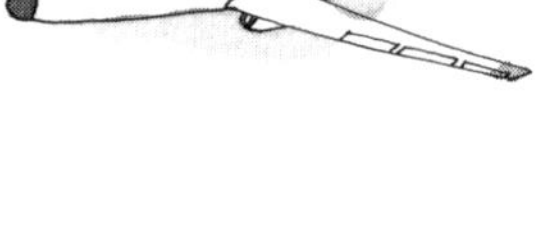

竹下《たけした》さんが運《はこ》ぶ二台《だい》の車《くるま》いすは、車《くるま》いすを修理《しゅうり》した栃木工業高校《とちぎこうぎょうこうこう》から、

空港内《くうこうない》の手荷物受取《てにもつうけとり》カウンターまで、すでに届《とど》けられています。

空港《くうこう》に着《つ》いた竹下《たけした》さんは、まっさきに手荷物受取《てにもつうけとり》のカウンターまで進《すす》みました。

「すみません。私《わたし》は『空飛《そらと》ぶ車《くるま》いす』の輸送《ゆそう》ボランティアの竹下《たけした》ともうしますが…」

みなまで言《い》いきらない間《あいだ》に、カウンターにいた人《ひと》はビニールで梱包《こんぽう》された車《くるま》いすを出《だ》してきました。

「車《くるま》いす、二台《だい》ですね。ごくろうさまです。出発便《しゅっぱつびん》のチェックインカウンターまで私《わたし》がお運《はこ》びしましょう」

「えっ、運《はこ》んでくださる？」

何回《なんかい》も海外旅行《かいがいりょこう》の経験《けいけん》がある竹下《たけした》さんですが、こんなに親切《しんせつ》にされたのは、はじめてです。

「すごいなあ。『空《そら》飛《と》ぶ車《くるま》いす』の活動《かつどう》ってよく知《し》られているんだなあ」

飛行機《ひこうき》に乗《の》る手続《てつづ》きをするチェックインカウンターでは、安全《あんぜん》のために手荷物《てにもつ》の重《おも》さを厳重《げんじゅう》に量《はか》っていました。

通常《つうじょう》、エコノミークラスの手荷物《てにもつ》の重《おも》さは、ひとり二十キロと決《き》まっています。

竹下《たけした》さんは、ちょっと気《き》がかりでした。

自分《じぶん》の荷物《にもつ》は極力《きょくりょく》少《すく》なくしてきた竹下《たけした》さんですが、車《くるま》いすの目方《めかた》を考《かんが》えると、どう考《かんが》えても重量《じゅうりょう》をオーバーしそうです。

「だいじょうぶかなあ？」

首《くび》をかしげる竹下《たけした》さんにチェックインカウンターの女《おんな》の人《ひと》は笑《わら》いかけました。

「ご心配《しんぱい》なく。今回《こんかい》の『空《そら》飛《と》ぶ車《くるま》いす』の輸送《ゆそう》については日社済《にっしゃさい》から申《しん》請《せい》があったのでＯＫ《オーケー》となっています。いつもというわけではありませんが、当社《とうしゃ》でもなるべくこの活動《かつどう》には協力《きょうりょく》するようにいたしております」

「そうですか。ありがたいことです」

竹下《たけした》さんがこれから乗《の》るのは、ＪＡＬ《ジャル》（日本航空《にほんこうくう》）の七五一便《びん》ベトナム行《い》きでしたが、ほかにも、ＡＮＡ《エーエヌエー》（全日空《ぜんにっくう》）や、タイ国際航空《こくさいこうくう》、ガルーダ航空《こうくう》、チャイナエアラインほか、アジアに就航《しゅうこう》しているほとんどの航空会社《こうくうがいしゃ》が、この活動《かつどう》を応援《おうえん》してくれています。

飛行機《ひこうき》は順調《じゅんちょう》に飛《と》びました。

成田国際空港《なりたこくさいくうこう》を出発《しゅっぱつ》した竹下《たけした》さんは、五時間《じかん》ちょっとで、ベトナムのハノイ空港《くうこう》に到着《とうちゃく》しました。

「さあて、と！　荷物《にもつ》をうけとらなきゃ！」

手荷物《てにもつ》をのせてぐるぐる回《まわ》るターンテーブルまで車《くるま》いすを取《と》りに行《い》っ

た竹下《たけした》さんは、キョロキョロしました。

「ないぞ！　まさか積《つ》み忘《わす》れじゃないだろうな。あれ、あんなところにある」

ターンテーブルに車《くるま》いすがないはずです。空港《くうこう》の手荷物係《てにもつがか》りのおじさんが、車《くるま》いすを自分《じぶん》たちの手《て》で、降《お》ろしてくれていたのです。

「みんな親切《しんせつ》だなあ。カモオーン《ありがとう》！」

竹下《たけした》さんは覚《おぼ》えたてのベトナム語《ご》でお礼《れい》をいいました。

手続《てつづ》きをすませて到着口《とうちゃくぐち》のドアから出《で》ると、若《わか》い女《おんな》の人《ひと》が、懸命《けんめい》に手《て》をふっていました。

メールで何回《なんかい》もやりとりをした「受《う》け取《と》りボランティア」の紘美《ひろみ》さんです。

「おつかれさまでした。竹下《たけした》さんですね」

紘美《ひろみ》さんの大《おお》きな目《め》が輝《かがや》きました。

「どうも！　お迎《むか》えありがとうございます。車《くるま》いす二台《だい》運《はこ》んできました」

「わあ、うれしい。みんな喜《よろこ》ぶだろうな」

「あと三台《だい》きますよ。佐々木《ささき》さんと修理《しゅうり》ボランティアの裕美《ゆみ》さんが、台湾経由《たいわんけいゆ》で運《はこ》んできます。佐々木《ささき》さんたちは五台《だい》の車《くるま》いすを持《も》って日本《にほん》を出《で》ましたが、台北《たいぺい》で二台《だい》を現地《げんち》のボランティアに空港《くうこう》で渡《わた》して残《のこ》りを持《も》ってくるそうです」

「えっ、じゃあ、ぜんぶで五台《だい》もですか？　すごいです」

竹下《たけした》さんは、到着便《とうちゃくびん》の掲示板《けいじばん》を見《み》ながらいいました。

「私《わたし》はここで佐々木《ささき》さんたちを迎《むか》えます。紘美《ひろみ》さん、先《さき》にこの車《くるま》いすを運《はこ》んでいっていただけますか？」

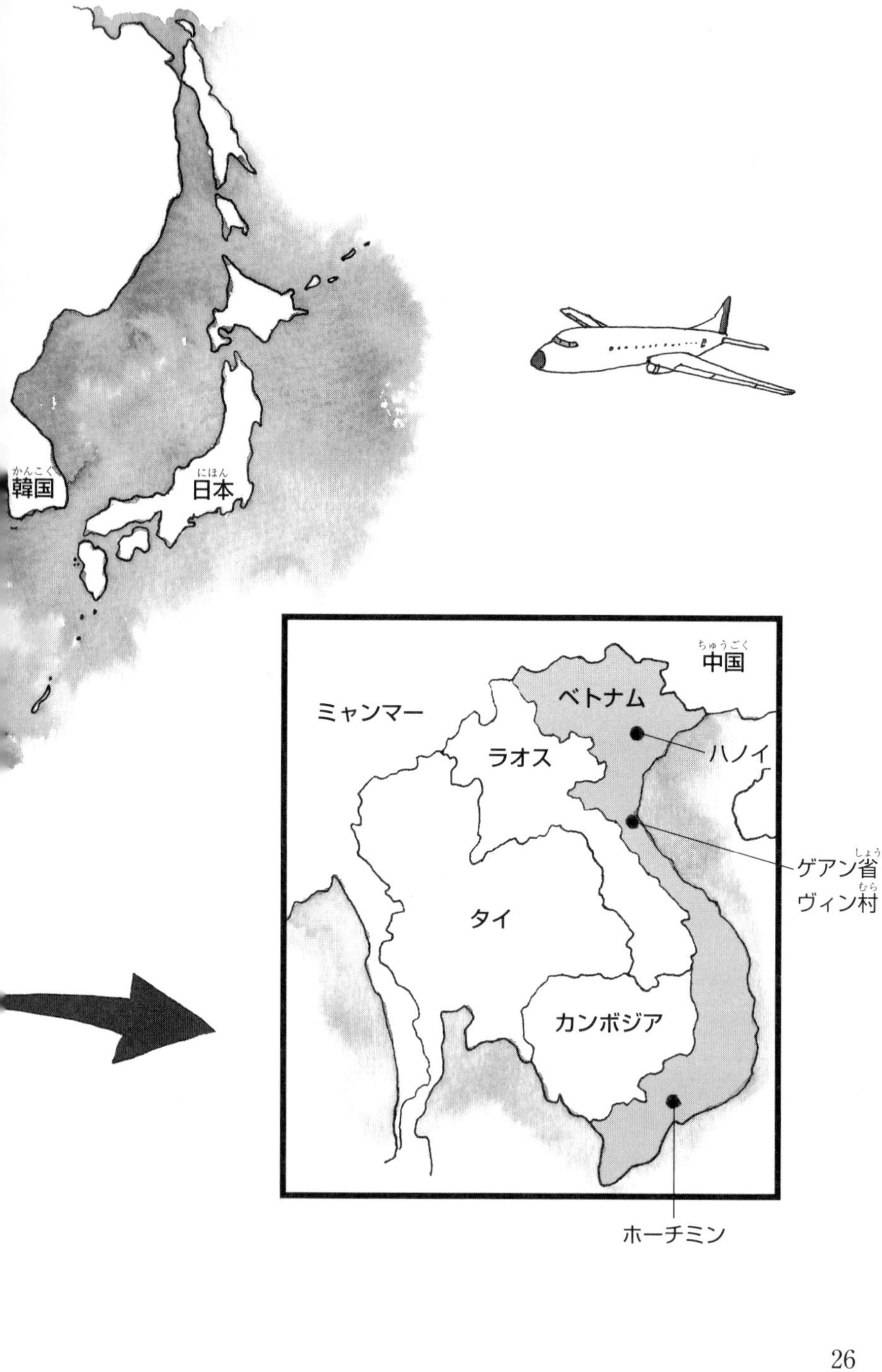
韓国《かんこく》
日本《にほん》
中国《ちゅうごく》
ベトナム
ミャンマー
ラオス
ハノイ
ゲアン省《しょう》
ヴィン村《むら》
タイ
カンボジア
ホーチミン

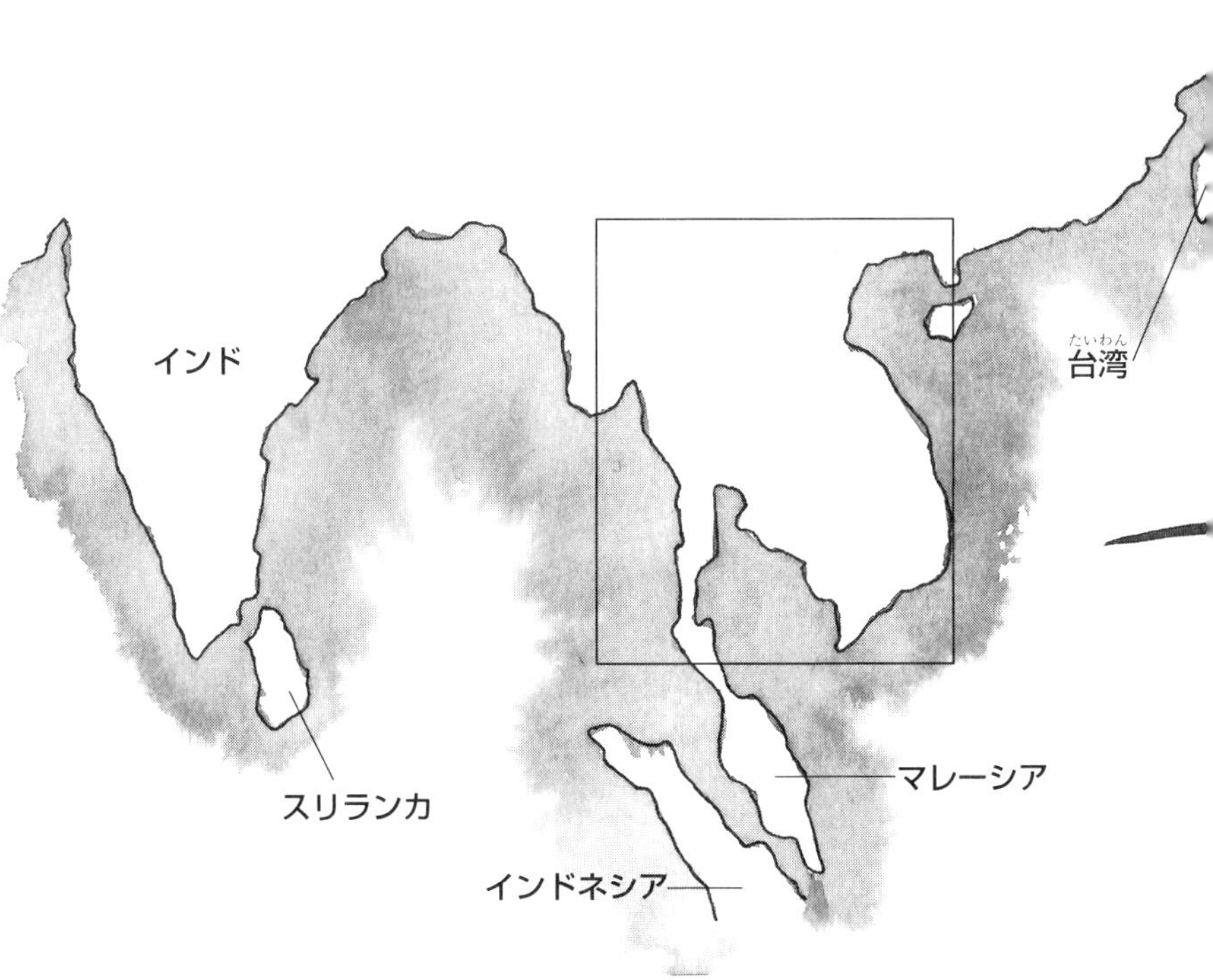
インド
台湾《たいわん》
スリランカ
マレーシア
インドネシア

「はい。じゃ、前《まえ》の駐車場《ちゅうしゃじょう》のレンタカーで待《ま》っています。ベトナム人《じん》の運転手《うんてんしゅ》のフォーさんはとてもいい人《ひと》ですよ」

紘美《ひろみ》さんは慣《な》れた手《て》つきで車《くるま》いすを運《はこ》んでいきました。

「受《う》け取《と》りボランティア」を勤《つと》める紘美《ひろみ》さんは、二〇〇五年《ねん》の八月《がつ》から、ゲアン省《しょう》ギーロック県病院《けんびょういん》で仕事《しごと》をはじめました。

ギーロック県病院《けんびょういん》では、年間《ねんかん》の赤《あか》ちゃんの出産数《しゅっさんすう》が、八〇〇件《けん》から九〇〇件《けん》もあって、助産師《じょさんし》さんの仕事《しごと》はとても忙《いそが》しかったのですが、紘《ひろ》美《み》さんは「仕事《しごと》のあいまに何《なに》か自分《じぶん》にできることはないだろうか？」と考《かんが》えました。

そこで休暇《きゅうか》の土日《どにち》に、自宅《じたく》から何《なん》十キロも離《はな》れたヴィン村《むら》まで、自転《じてん》車《しゃ》で通《かよ》って、子《こ》どもたちと遊《あそ》んであげたり、お母《かあ》さんたちの健康管理《けんこうかんり》に気《き》を配《くば》ったりしていました。

そのうちに紘美《ひろみ》さんは、村《むら》には手足《てあし》を失《うしな》った子《こ》どもや、生《う》まれたときから手足《てあし》が不自由《ふじゆう》で、歩《ある》けない人《ひと》たちがたくさんいることに気《き》がつきました。

足《あし》が不自由《ふじゆう》な子《こ》どもたちは、車《くるま》いすがないために、外《そと》に出《で》かけることもできません。

紘美《ひろみ》さんは、そういう人々《ひとびと》を見《み》るたびに思《おも》いました。

「ああ、車《くるま》いすがあったらなあ……」

この地域《ちいき》にも、車《くるま》いすはありますが、値段《ねだん》が高《たか》くて、村《むら》の人々《ひとびと》にはとても手《て》が出《で》ないのです。

貧《まず》しい村《むら》では、お父《とう》さんやお母《かあ》さんも、精《せい》いっぱい働《はたら》かなくては生《い》きていけませんから、一日中《いちにちじゅう》ベッドに寝《ね》かされっぱなしの子《こ》どももいます。

紘美《ひろみ》さんは、そういう子《こ》どもたちを抱《だ》っこしたり、体《からだ》をさすってあげたりしながら、歌《うた》を教《おし》えていっしょに歌《うた》いました。

でも、心《こころ》は晴《は》れません。

夜《よる》になっても、体《からだ》の不自由《ふじゆう》な人々《ひとびと》のことばかりが思《おも》い出《だ》されます。

そんなときに紘美《ひろみ》さんは、日本《にほん》にいるときに行《い》ったことのあるNGO《エヌジーオー》
図書館《としょかん》の雑誌《ざっし》に『空飛《そらと》ぶ車《くるま》いす』の活動《かつどう》のことが載《の》っていたことを思《おも》い
出《だ》したのです。

その図書館《としょかん》には、ボランティア活動《かつどう》に関《かん》する情報《じょうほう》がたくさんありました。

「うまくいくといいけれど……」

紘美《ひろみ》さんは、日本《にほん》にいる友《とも》だちにメールして『空飛《そらと》ぶ車《くるま》いす』の活動《かつどう》を支援《しえん》している日社済《にっしゃさい》に連絡《れんらく》をとって、ゲアン省《しょう》のヴィン村《むら》にも、車《くるま》いすをプレゼントしてもらえるかどうか調《しら》べてもらいました。

するとラッキーな答《こた》えが返《かえ》ってきました。

「輸送《ゆそう》ボランティア」と「受《う》け取《と》りボランティア」さえいれば、ヴィン村《むら》にも、車《くるま》いすを贈《おく》ってもらえることがわかったのです。

紘美《ひろみ》さんは、さっそく「受《う》け取《と》りボランティア」になって、車《くるま》いすを友人《ゆうじん》に頼《たの》んで運《はこ》んでもらうことにしました。

そして、第一号《だいごう》として、足《あし》の不自由《ふじゆう》な、ニュンさんという三十一歳《さい》の女性《じょせい》に、福岡県《ふくおかけん》の浮羽工業高校《うきはこうぎょうこうこう》が修理《しゅうり》した車《くるま》いすを贈《おく》ったのです。

それをきっかけとして紘美《ひろみ》さんは、友人《ゆうじん》、高校時代《こうこうじだい》の恩師《おんし》、医療関係《いりょうかんけい》の人《ひと》たちにメールで頼《たの》んで「輸送《ゆそう》ボランティア」になってもらい、今《いま》までに十五台《だい》もの車《くるま》いすを、貧《まず》しい村《むら》の体《からだ》の不自由《ふじゆう》な人々《ひとびと》に届《とど》けたのです。

3　アジアハイウェイ

台湾《たいわん》からの飛行機《ひこうき》が着《つ》きました。

到着口《とうちゃくぐち》から、佐々木《ささき》さんと裕美《ゆみ》さんが、大《おお》きな荷物《にもつ》といっしょに現《あらわ》れました。

スーツケースの上《うえ》に工具《こうぐ》が入《はい》ったダンボール箱《ばこ》。その上《うえ》に車《くるま》いすが三台《だい》。そのまた上《うえ》に、子《こ》どもたちへのおみやげが詰《つ》まった一メートル四方《しほう》ぐらいのダンボール箱《ばこ》。

「佐々木《ささき》さーん、ここですよ！」

竹下《たけした》さんが大声《おおごえ》で叫《さけ》ぶと、汗《あせ》をぽっぽとふきだした、佐々木《ささき》さんの笑《え》

顔《がお》が、荷物《にもつ》のすきまから見《み》えました。

後《うし》ろから裕美《ゆみ》さんが手《て》をふっています。

裕美《ゆみ》さんが修理活動《しゅうりかつどう》をはじめたのは、神奈川工科大学《かながわこうかだいがく》の「ＫＷＲ《ケイダブリュアール》修理屋《しゅうりや》」というサークルに入《はい》ったことがきっかけです。先輩《せんぱい》に技術的《ぎじゅってき》なことを教《おし》えてもらいながら熱心《ねっしん》に作業《さぎょう》に取《と》り組《く》んだ裕《ゆ》美《み》さんは、ひとりで車《くるま》いすを修理《しゅうり》できるようになりました。三年生《ねんせい》になると自分《じぶん》から立候補《りっこうほ》して、サークル活動《かつどう》の代表《だいひょう》となって積《せっ》極的《きょくてき》に修理《しゅうり》に取《と》り組《く》みました。

新潟中越地震《にいがたちゅうえつじしん》のときにも現地《げんち》でボランティア活動《かつどう》に参加《さんか》し、二〇〇六年《ねん》には、津波《つなみ》で被害《ひがい》にあったスリランカにも、自分《じぶん》で修理《しゅうり》した車《くるま》いすを届《とど》けました。

二〇〇七年《ねん》七月《がつ》に秋田《あきた》で行《おこ》なわれた「みちのく車《くるま》いす修理技術交流《しゅうりぎじゅつこうりゅう》

会《かい》」や、おとなりの韓国《かんこく》で行《おこ》なわれた「空飛《そらと》ぶ車《くるま》いすIN《イン》韓国《かんこく》」にも「修理《しゅうり》ボランティア」として協力《きょうりょく》しています。

今《いま》では就職《しゅうしょく》も福祉用具関連会社《ふくしようぐかんれんがいしゃ》にきまって一安心《ひとあんしん》の裕美《ゆみ》さんですが『空飛《そらと》ぶ車《くるま》いす』の活動《かつどう》については、あいかわらず熱意《ねつい》をもってとりくんでいるのです。

みんながレンタカーのところまでいくと、紘美《ひろみ》さんが飛《と》び出《だ》してきました。

「はじめまして！　高橋紘美《たかはしひろみ》です」

「わたし、堀口裕美《ほりぐちゆみ》です」

「なまえ、似《に》てますね。ゆみって、ひろみともよめますよね」

「ほんと！　ぐうぜんね」

裕美《ゆみ》さんは、工具箱《こうぐばこ》を指《さ》しました。

「紘美《ひろみ》さん、ノーパンクタイヤたくさん持《も》ってきたわ。それから空気入《くうきい》れも四本《ほん》ね」

「えっ、ノーパンクタイヤ？　それってパンクしないタイヤですか？」

「そう。村《むら》の道《みち》は舗装《ほそう》されてないからノーパンクタイヤに変《か》えるほうがいいと思《おも》って。スリランカでも同《おな》じ理由《りゆう》で、たくさんの車《くるま》いすをノーパンクタイヤに変《か》えたのよ。でもノーパンクタイヤはサイズがきまっているから、うまくはめられないこともあるの」

「ふーん、むずかしいのね。ありがとう！　空気入《くうきい》れまで持《も》ってきてくれて！　ここでは空気入《くうきい》れを手《て》に入《い》れることも大変《たいへん》なんです」

フォーさんが来《き》て重《おも》い工具箱《こうぐばこ》をレンタカーに積《つ》みました。

五台《だい》の車《くるま》いすも、うまく積《つ》み重《かさ》ねられて、後《うし》ろの荷台《にだい》に収《おさ》まっています。

みんなが乗《の》り込《こ》むと、フォーさんがエンジンをかけました。

これから、目的地《もくてきち》のゲアン省《しょう》ヴィン村《むら》まで、アジアハイウェイ一号線《ごうせん》を突《つ》っ走《ぱし》るのです。

アジアハイウェイは、東京《とうきょう》からトルコまでつづく二万《まん》キロにもわたる長《なが》い道《みち》です。

海上《かいじょう》は福岡《ふくおか》と韓国《かんこく》の釜山《プサン》の間《あいだ》だけで、あとは陸地《りくち》です。

ベトナムは南《みなみ》シナ海《かい》に面《めん》し、北《きた》は中国《ちゅうごく》、西《にし》はラオスとカンボジアに接《せっ》しています。

レンタカーは、南北《なんぼく》に長《なが》いベトナムを北《きた》のハノイから南《みなみ》のホーチミンへ向《む》かって走《はし》っていきます。

その途中《とちゅう》、車《くるま》で五時間《じかん》か六時間《じかん》ぐらい走《はし》っていったところに紘美《ひろみ》さん

ASIAN《アジア》 HIGHWAY《ハイウェイ》 ROUTE《ルート》 MAP《マップ》
※太《ふと》い線《せん》がアジアハイウェイ1号線《ごうせん》です。
トルコ
東京《とうきょう》
ベトナム

が働《はたら》いているゲアン省《しょう》のヴィン村《むら》があるのです。

フォーさんは、どんどん車《くるま》を飛《と》ばします。

その車《くるま》の間《あいだ》を縫《ぬ》うようにして、たくさんのオートバイが走《はし》っています。ほとんどのオートバイがふたり乗《の》りです。三人乗《にんの》りも四人乗《にんの》りもあります。何列《なんれつ》にも重《かさ》なって、こわいようなスピードで走《はし》ります。

左側《ひだりがわ》にきれいに彩《いろど》られたお菓子《かし》のような家《いえ》が並《なら》んでいます。ここは、もとフランス領《りょう》だったので、おしゃれな家《いえ》が多《おお》いのでしょう。

「わあ、わたし、あんな家《いえ》に住《す》みたい！」

裕美《ゆみ》さんが叫《さけ》ぶと、紘美《ひろみ》さんがいいました。

「でも、きれいなのは表《おもて》だけですよ。ほら、横《よこ》はただのコンクリートです」

「なーんだ！」

やがて郊外《こうがい》に出《で》ました。

両側《りょうがわ》に、青々《あおあお》とした水田《すいでん》が広《ひろ》がっています。

農家《のうか》の人《ひと》たちが、スゲガサをかぶって田植《たう》えに精《せい》を出《だ》しています。

裕美《ゆみ》さんがまた、叫《さけ》びました。

「わあ、わたし、田植《たう》えがしたいです。それからあの三角《さんかく》のカサ」

「スゲガサですね。ベトナムはモンスーン気候《きこう》といって夏《なつ》の今《いま》は雨季《うき》なんです。この時期《じき》、夕方《ゆうがた》になると、スコールとよばれる大雨《おおあめ》がふるので、農家《のうか》の人《ひと》にとってスゲガサはかかせません」

「わあ、そうなんだ！　でも、うらやましいな。みどりがいっぱい！

あっ、牛《うし》がいる」

動物好《どうぶつず》きな裕美《ゆみ》さんは、窓《まど》におでこをくっつけて外《そと》を眺《なが》めています。

放《はな》し飼《が》いの牛《うし》の親子《おやこ》が、のんびりと草《くさ》を食《た》べています。あっちにも

こっちにも牛《うし》がいます。しあわせそうな牛《うし》たちです。

お昼《ひる》は、屋台《やたい》のようなお店《みせ》でベトナム名物《めいぶつ》のフォーというウドンに似《に》た米《こめ》の麺《めん》を食《た》べました。

「紘美《ひろみ》さん、これからの予定《よてい》はどうなっていますか？」

佐々木《ささき》さんが聞《き》きました。

「今日《きょう》は移動《いどう》だけです。夕方《ゆうがた》までにゲアン省《しょう》に着《つ》いて、ホテルに泊《と》まります」

「そのホテル、トイレはだいじょうぶですか？」

裕美《ゆみ》さんが聞《き》きました。

どうやら、スリランカでのトイレが大変《たいへん》だったらしいのです。

「ははは、だいじょうぶ、水洗《すいせん》です。ちゃんと冷房《れいぼう》もありますし…」

「ああ、よかった！」

紘美《ひろみ》さんの話《はなし》によると、この地方《ちほう》の気温《きおん》は今《いま》の季節《きせつ》は四〇度近《どちか》くまで上《あ》がるそうです。

修理活動《しゅうりかつどう》をする前《まえ》に、体《からだ》がバテてしまっては困《こま》ります。

「で、明日《あす》は？」

佐々木《ささき》さんが聞《き》きました。

「朝《あさ》、八時《じ》にお迎《むか》えにあがります。前《まえ》に車《くるま》いすを配《くば》った五軒《けん》ほどの家《いえ》を回《まわ》ります。最初《さいしょ》がニュンさん。次《つぎ》がベッドにねたきりのチャンちゃん。お昼《ひる》はチイちゃんのおばあちゃんのところでご馳走《ちそう》になります」

「えっ、ご馳走《ちそう》になるんですか？」

「ええ、おばあちゃんが料理《りょうり》をつくって待《ま》っているそうです」

「こんなに大勢《おおぜい》でいいんですか？　そういえばチイちゃんには工藤先生《くどうせんせい》が車《くるま》いすを運《はこ》ばれたんですよね」

佐々木《ささき》さんが紘美《ひろみ》さんに確《たし》かめました。

「はい。工藤向先生《くどうひさせんせい》は、母校《ぼこう》の苫小牧東高校《とまこまいひがしこうこう》のテニス部《ぶ》の顧問《こもん》の先生《せんせい》なんです。部長時代《ぶちょうじだい》には張《は》り切《き》りすぎて先生《せんせい》にご迷惑《めいわく》をかけたこともあるんですが、その後《ご》も先生《せんせい》はずっと見守《みまも》っていてくださって……。それで、こんな田舎《いなか》の医療現場《いりょうげんば》で働《はたら》く私《わたし》の様子《ようす》をみたいとおっしゃって、ひとりでここまで訪《たず》ねてこられたのです」

「そうなんですか。それで輸送《ゆそう》ボランティアをお願《ねが》いしたのですね」

「はい。目上《めうえ》の方《かた》に失礼《しつれい》かとも思《おも》ったのですが、先生《せんせい》は『私《わたし》で出来《でき》ることでだれかが喜《よろこ》んでくださるのだったら、喜《よろこ》んで引《ひ》き受《う》けます』とおっしゃってくださって…ほんとにやさしい先生《せんせい》なんです」

「じゃ、工藤先生《くどうせんせい》のおかげで、われわれがベトナムの家庭料理《かていりょうり》をご馳走《ちそう》してもらえるんだ！」

うれしそうに言《い》ったのは、食《く》いしん坊《ぼう》の竹下《たけした》さんです。

紘美《ひろみ》さんは、くすっ、と笑《わら》いながら竹下《たけした》さんに言《い》いました。

「おばあちゃんのお料理《りょうり》おいしいですよ。あ、それから、竹下《たけした》さん、修《しゅう》理《り》したあとで、私《わたし》の職場《しょくば》をちょっと見学《けんがく》していただけますか？　竹下《たけした》さんも発展途上国《はってんとじょうこく》でのお仕事《しごと》が多《おお》かったと聞《き》いております。ベトナムの医療《いりょう》の現場《げんば》をぜひ、見《み》ていってください」

「ええ、わたしは水問題《みずもんだい》が専門《せんもん》だったので行《い》き先《さき》はいつも発展途上国《はってんとじょうこく》でした。いわゆる文明国《ぶんめいこく》で仕事《しごと》をしたことはありません。しかし高橋《たかはし》さん、僻地《へきち》の医療活動《いりょうかつどう》はさぞ大変《たいへん》だったでしょうね」

「ええ、正直《しょうじき》いってはじめは大変《たいへん》でした。言葉《ことば》の問題《もんだい》がありますし。でも、慣《な》れてしまえば喜《よろこ》びがあるだけです。この村《むら》の方々《かたがた》はみんなとってもやさしいんです」

紘美《ひろみ》さんの職場《しょくば》と、車《くるま》いすは、いろいろな意味《いみ》で関係《かんけい》があります。

二〇〇六年《ねん》の八月《がつ》、紘美《ひろみ》さんは「シェア」という、日本《にほん》・海外《かいがい》を問《と》わず医療《いりょう》にたずさわる人々《ひとびと》を支援《しえん》している国際保健協力市民《こくさいほけんきょうりょくしみん》の会《かい》などを通《とお》して医療関係者《いりょうかんけいしゃ》にこんなメールを送《おく》りました。

『こんにちは！　はじめまして。

私《わたし》は、助産師《じょさんし》としてベトナムのゲアン省《しょう》（ハノイより三〇〇キロ南下《なんか》）ギーロック県病院《けんびょういん》産婦人科《さんふじんか》で勤務《きんむ》しております高橋紘美《たかはしひろみ》と申《もう》します。

現在在住《げんざいざいじゅう》一年《ねん》がたち、日本《にほん》で医療《いりょう》にたずさわる方々《かたがた》、また、学生《がくせい》の方々《かたがた》に一途上国《いちとじょうこく》の医療《いりょう》をご紹介《しょうかい》できたらと思《おも》い、このようなメールを書《か》かせていただきました。

もしもご興味《きょうみ》のある方《かた》がいらっしゃいましたら、直接《ちょくせつ》ご連絡《れんらく》ください。

（後略《こうりゃく》）』

紘美《ひろみ》さんは、ゲアン省《しょう》のギーロック県病院《けんびょういん》で働《はたら》くうちに、日本《にほん》と現地《げんち》の病院《びょういん》との医療《いりょう》のあり方《かた》の違《ちが》いに驚《おどろ》かされました。

先進国《せんしんこく》としての行《い》き届《とど》いた医療《いりょう》を受《う》けられる日本《にほん》の病院《びょういん》と、医療設備《いりょうせつび》の整《ととの》わないゲアン省《しょう》の病院《びょういん》とでは、病室《びょうしつ》ひとつ見《み》ただけでも、その差《さ》がはっきりしていたからです。

しかし、その一方《いっぽう》で貧《まず》しい村《むら》のギーロック県病院《けんびょういん》では、入院患者《にゅういんかんじゃ》には、家族《かぞく》や親戚《しんせき》が付《つ》き添《そ》い、生《う》まれたばかりの赤《あか》ちゃんが、その日《ひ》からお母《かあ》さんといっしょ、ときには、お父《とう》さんも並《なら》んで、ひとつのベッドで眠《ねむ》るといった家族《かぞく》の微笑《ほほえ》ましい愛情《あいじょう》が見《み》られます。

紘美《ひろみ》さんは、このベトナムの体験《たいけん》を、これから日本《にほん》で医療《いりょう》にかかわっていく若《わか》い人《ひと》たちに、知《し》ってもらいたいと思《おも》ったのです。

このメールでの呼《よ》びかけには、紘美《ひろみ》さんが思《おも》っていた以上《いじょう》の反応《はんのう》がありました。

二十六名《めい》もの医療関係者《いりょうかんけいしゃ》から、ぜひ、ギーロック県病院《けんびょういん》の見学《けんがく》をしたいという申《もう》し込《こ》みがあったのです。

そして、この中《なか》の十三人《にん》もの人《ひと》たちが、『空飛《そらと》ぶ車《くるま》いす』の「輸送《ゆそう》ボランティア」を引《ひ》き受《う》けてくれたのです。

4　ニュンさんと『枯葉剤《かれはざい》』

ベトナムには、戦争中《せんそうちゅう》にアメリカ軍《ぐん》の飛行機《ひこうき》からまかれた『枯葉剤《かれはざい》』の影響《えいきょう》で、体《からだ》が不自由《ふじゆう》になったと思《おも》われる人《ひと》たちがたくさんいます。

ニュンさんもそのなかのひとりです。ニュンさんは、下半身《かはんしん》が成長《せいちょう》せず、おまけに麻痺《まひ》しているので、歩《ある》くことが出来《でき》ません。動《うご》くときには、床《ゆか》を這《は》っていきます。

ベトナム戦争《せんそう》は、一九六〇年《ねん》ごろ始《はじ》まった南《みなみ》ベトナムと北《きた》ベトナムとの戦《たたか》いでしたが、事実上《じじつじょう》は、南《みなみ》ベトナムを支援《しえん》するアメリカと北《きた》ベトナムの味方《みかた》をするソ連《れん》・中国《ちゅうごく》との戦《たたか》いでした。

この戦《たたか》いでアメリカは、ベトナムのジャングルや田畑《たはた》に『枯葉剤《かれはざい》』と呼《よ》ばれる化学薬品《かがくやくひん》を飛行機《ひこうき》で大量《たいりょう》に散布《さんぷ》しました。飛行機《ひこうき》からまかれた『枯葉剤《かれはざい》』は、白《しろ》い霧《きり》のようにしゅわしゅわと地《ち》上《じょう》に降《お》りてきて、森《もり》の木《き》や、畑《はたけ》をぬらしました。恐《おそ》ろしい霧《きり》は、森《もり》にいた人間《にんげん》や、動物《どうぶつ》たちをもぐっしょりとぬらしました。

小川《おがわ》や、沼《ぬま》の水《みず》にもふりそそぎました。猛毒《もうどく》のダイオキシンが含《ふく》まれる『枯葉剤《かれはざい》』は、一九六一年《ねん》から七一年《ねん》までの十年間《ねんかん》もの間《あいだ》、ベトナムの空《そら》からふりつづけました。しばらくすると森《もり》の木《き》も、畑《はたけ》の作物《さくもつ》も枯《か》れました。動物《どうぶつ》も小鳥《ことり》も昆虫《こんちゅう》も死《し》にました。水辺《みずべ》のマングローブの原生林《げんせいりん》も全滅《ぜんめつ》し、あたり一面《いちめん》見《み》わたすかぎりの枯《か》れ野原《のはら》となりました。

鳥《とり》の声《こえ》も、風《かぜ》の音《おと》も聞《き》こえません。

すべてが死《し》の世界《せかい》になってしまったのです。

ちょうどそのころ、ニュンさんのお母《かあ》さんは、ほかの大勢《おおぜい》の仲間《なかま》たちといっしょに、南《みなみ》ベトナム解放戦線《かいほうせんせん》の若《わか》い女性兵士《じょせいへいし》として戦場《せんじょう》に駆《か》り出《だ》されていました。

お母《かあ》さんたちは、白《しろ》い煙《けむり》を吐《は》き出《だ》す米軍《べいぐん》の飛行機《ひこうき》を何度《なんど》もみました。飛行機《ひこうき》が通《とお》り過《す》ぎたあとで、白《しろ》い煙《けむり》は音《おと》もなくおりてきて、お母《かあ》さんたちの服《ふく》をぬらします。しばらくすると体《からだ》がひりひりしてきました。

「これは、なんなの？」

「毒薬《どくやく》かもしれない。洗《あら》わないと！」

でも、ジャングルに水《みず》はありません。

「熱《あつ》い！」

「かゆい！」

服《ふく》をぬいでボロ布《ぬの》にオシッコをかけては、体《からだ》をふきました。

お腹《なか》に赤《あか》ちゃんがいたフエさんという人《ひと》は、ショックで気《き》を失《うしな》ってしまいました。

その間《あいだ》にも米軍《べいぐん》の攻撃《こうげき》はつづきます。森《もり》に隠《かく》れて抵抗《ていこう》する人《ひと》たちに向《む》かって、ロケット弾《だん》やボール爆弾《ばくだん》がバンバン落《お》とされます。

男《おとこ》の人《ひと》が、フエさんを抱《かか》えてやっとのことで、川《かわ》までたどりついたときには、お腹《なか》の赤《あか》ちゃんは、死《し》んでいたそうです。

『枯葉剤《かれはざい》』がまかれてしばらくすると、木《こ》の葉《は》はチリチリになり、青《あお》いバナナも、グアバの実《み》も、タピオカの根《ね》も、トウモロコシも全滅《ぜんめつ》です。

あらゆる植物《しょくぶつ》の根《ね》には猛毒《もうどく》のダイオキシンがしみこんでいました。

「苦《くる》しい！」と小川《おがわ》の水《みず》をのめば、その水《みず》も、毒《どく》で汚染《おせん》されています。ガソリンのような油膜《ゆまく》が、水《みず》の表面《ひょうめん》に不気味《ぶきみ》に浮《う》いています。

こうして、男《おとこ》の兵士《へいし》だけでなく、たくさんの若《わか》い女性《じょせい》が、戦争《せんそう》の犠牲《ぎせい》になりました。

ニュンさんが生《う》まれたのは、お母《かあ》さんが戦争《せんそう》から帰《かえ》って四年目《ねんめ》のことでした。

一九七五年《ねん》に、戦争《せんそう》はようやく終《お》わりました。けれども『枯葉剤《かれはざい》』を浴《あ》びた人《ひと》たちの苦《くる》しみは、いつまでたっても終《お》わりません。

ダイオキシンで汚染《おせん》された地域《ちいき》には、生《う》まれつき手足《てあし》がない子《こ》や、くねくねと曲《ま》がってしまっている子《こ》、指《ゆび》が二本《ほん》しかない子《こ》、目《め》の玉《たま》がない子《こ》どもなど、体《からだ》の不自由《ふじゆう》な子《こ》どもたちが、何人《なんにん》も生《う》まれました。あまりの辛《つら》さに、生《う》まれたての赤《あか》ちゃんを森《もり》に捨《す》ててしまった若《わか》いお母《かあ》さんもいたのです。

でも、ニュンさんは、大切《たいせつ》に育《そだ》てられました。不自由《ふじゆう》な体《からだ》が治《なお》ることはありませんでしたが、やさしい両親《りょうしん》と兄弟《きょうだい》に囲《かこ》まれてニュンさんは、明《あか》るい子《こ》どもに育《そだ》ちました。

そんなニュンさんが、紘美《ひろみ》さんと出会《であ》ったのは、二〇〇五年《ねん》、紘美《ひろみ》さんが日本《にほん》の政府関係機関《せいふかんけいきかん》からゲアン省《しょう》の病院《びょういん》に派遣《はけん》されてからすぐのことです。

自転車《じてんしゃ》に乗《の》って、田舎道《いなかみち》を走《はし》る紘美《ひろみ》さんをみつけたニュンさんは、「ハロー!」「ハロー!」と熱心《ねっしん》に声《こえ》をかけました。

ニュンさんは、お父《とう》さんの自転車《じてんしゃ》の後《うし》ろに乗《の》せてもらっていたのです。

「あっ、こんにちは！」

紘美《ひろみ》さんは、すぐに自転車《じてんしゃ》から降《お》りました。

「あなたは、日本《にほん》の方《かた》ですね？」

「はい、そうです。県《けん》の病院《びょういん》で、助産師《じょさんし》として働《はたら》いている高橋紘美《たかはしひろみ》です」

上手《じょうず》なベトナム語《ご》で紘美《ひろみ》さんは答《こた》えました。

「わあ、ヒロミさんベトナム語《ご》が話《はな》せるんだ。うれしいな」

ニュンさんは、自分《じぶん》の家《いえ》に紘美《ひろみ》さんを連《つ》れて行《い》きました。

ニュンさんの家《いえ》は、小《ちい》さな雑貨屋《ざっかや》さんです。表《おもて》から入《はい》るとすぐに裏《うら》から出《で》てしまうほど小《ちい》さなお店《みせ》ですが、食料品《しょくりょうひん》から洗剤《せんざい》まで、いろんなものが、棚《たな》いっぱいに並《なら》んでいます。

棚《たな》のすぐ下《した》に、板《いた》の上《うえ》にゴザを敷《し》いただけのベッドがあります。

そのベッドに座《すわ》って、ニュンさんは店番《みせばん》をするのです。

ニュンさんは、座《すわ》ったきりなので、お客《きゃく》さんが品物《しなもの》を棚《たな》からとってニュンさんに渡《わた》します。ニュンさんは、お金《かね》の計算《けいさん》をして、お客《きゃく》さんから代金《だいきん》を受《う》け取《と》ります。

ニュンさんが、小《ちい》さかったときには、抱《だ》っこされて、どこにでも行《い》くことができました。

でも、大人《おとな》になってからは、めったに外《そと》にでられません。だれかに抱《だ》いてもらわないと動《うご》けないからです。

好奇心旺盛《こうきしんおうせい》なニュンさんにとって、そういう暮《く》らしは、とても辛《つら》いことです。

「なんとかしてニュンさんに、車《くるま》いすをプレゼントしたい！」

車《くるま》いすさえあれば、ニュンさんは、自分《じぶん》の力《ちから》で動《うご》くことができるのです。

紘美《ひろみ》さんのそんな思《おも》いは『空飛《そらと》ぶ車《くるま》いす』の活動《かつどう》を知《し》ったことで叶《かな》ったのです。

浮羽工業高校《うきはこうぎょうこうこう》がニュンさんに贈《おく》った車《くるま》いすの「輸送《ゆそう》ボランティア」をつとめたのは、紘美《ひろみ》さんの高校時代《こうこうじだい》のテニス部《ぶ》の友人《ゆうじん》、吉田安芸《よしだあき》さんでした。

5 ディンさんの言葉《ことば》

それからというもの紘美《ひろみ》さんは、日社済《にっしゃさい》の佐々木《ささき》さんと連絡《れんらく》を取《と》り合《あ》って、この村《むら》の体《からだ》の不自由《ふじゆう》な人《ひと》たちに、車《くるま》いすを届《とど》ける活動《かつどう》を熱心《ねっしん》に

つづけました。

ひと口《くち》にいうと、これは簡単《かんたん》なことのように思《おも》えますが、交通《こうつう》の便《べん》の悪《わる》いゲアン省《しょう》の片田舎《かたいなか》に車《くるま》いすを届《とど》けることはとても大変《たいへん》です。

今回《こんかい》の竹下《たけした》さん、佐々木《ささき》さん、裕美《ゆみ》さんたちのように人数《にんずう》が多《おお》い場合《ばあい》や、「輸送《ゆそう》ボランティア」がお年寄《としよ》りの場合《ばあい》には、ハノイからレンタカーを頼《たの》むことも考《かんが》えられますが、たいていの「輸送《ゆそう》ボランティア」は、ひとりでベトナムを訪《おとず》れるベトナム語《ご》もわからない若《わか》い人《ひと》たちです。

紘美《ひろみ》さんは助産師《じょさんし》の仕事《しごと》の間《あいだ》をぬって、夜行列車《やこうれっしゃ》に七時間《じかん》も乗《の》って、「輸送《ゆそう》ボランティア」をハノイの空港《くうこう》まで迎《むか》えに行《い》きます。

自分《じぶん》が無理《むり》なときには、ハノイにいる知《し》り合《あ》いに頼《たの》んで、「輸送《ゆそう》ボランティア」を夜行列車《やこうれっしゃ》まで案内《あんない》してもらいます。

愛媛県《えひめけん》の新居浜工業高校《にいはまこうぎょうこうこう》が修理《しゅうり》した車《くるま》いすを、ヴィン村《むら》のお年寄《としよ》りに届《とど》けたのは、紘美《ひろみ》さんのメールの呼《よ》びかけに応《おう》じた、川崎市《かわさきし》の保健《ほけん》センターの保健師《ほけんし》、大島養子《おおしまようこ》さんでした。

大島《おおしま》さんは、紘美《ひろみ》さんといっしょに、市《し》バスとバイクタクシーと長距離《ちょうきょり》バスを乗《の》り継《つ》いで、ゲアン省《しょう》までたどりつきました。

バイクタクシーは、オートバイの後《うし》ろにお客《きゃく》を乗《の》せるタクシーです。料金《りょうきん》が安《やす》いので、大勢《おおぜい》の人《ひと》が利用《りよう》しています。

ハノイの市《し》バスは、声《こえ》をかけない限《かぎ》り、停留所《ていりゅうじょ》で完全《かんぜん》に止《と》まってくれません。

スピードをゆるめたところで、お客《きゃく》が飛《と》び乗《の》ったり飛《と》び降《お》りたりするのです。

「わあ、降《お》りられない！」

とうとう、次《つぎ》の停留所《ていりゅうじょ》まで行《い》ってしまった大島《おおしま》さんたちは、そこからバイクタクシーで、長距離《ちょうきょり》バスのターミナルに向《む》かうことになりました。すべてが慣《な》れないことなので大島《おおしま》さんは、もう、どうしていいか、わかりません。

「えっ、バイクタクシーに乗《の》るの？　車《くるま》いすを持《も》ったままで？」

「だいじょうぶよ。わたしが車《くるま》いすを持《も》って乗《の》るから…」

紘美《ひろみ》さんは慣《な》れたもので、車《くるま》いすを抱《かか》えたまま、荷台《にだい》に乗《の》って、両足《りょうあし》で「えいっ」と押《お》さえつけました。

別《べつ》のバイクに乗《の》った大島《おおしま》さんは、バイクタクシーが、すごい勢《いきお》いで飛《と》ばすので生《い》きた心地《ここち》がしませんでした。

ひしめくバイクの中《なか》を、車《くるま》やバスやトラックがクラクションを鳴《な》らしっぱなしで、走《はし》っていくのですから。

大島《おおしま》さんが、車《くるま》いすを届《とど》けたのは紘美《ひろみ》さんの病院《びょういん》で働《はたら》く人《ひと》の家族《かぞく》で、

ディンさんというおじいさんでした。

高血圧《こうけつあつ》で五年《ねん》まえに倒《たお》れたディンさんは、部屋《へや》の片隅《かたすみ》に置《お》かれたベッドの中《なか》で、一日中過《いちにちじゅうす》ごしていました。

トイレに行《い》くにも、ついそこまで出《で》るのにも、家族《かぞく》に面倒《めんどう》をかけなくてはなりません。家族《かぞく》は、おじいさんを大切《たいせつ》にしていましたが、ディンさんにとって、それは気《き》をつかうことでした。

苦労《くろう》して運《はこ》んだ車《くるま》いすを、大島《おおしま》さんはディンさんに渡《わた》しました。

「ディンさん、車《くるま》いすです。座《すわ》ってみてください」

車《くるま》いすに座《すわ》ったディンさんは、お孫《まご》さんをひざに乗《の》せて、うれしそうに大島《おおしま》さんに話《はな》しました。

「私《わたし》がこれまでの人生《じんせい》で日本人《にほんじん》を見《み》たのはこれで二回目《かいめ》です。一度目《どめ》は、戦争中《せんそうちゅう》の日本《にほん》の兵隊《へいたい》。二度目《どめ》が今回《こんかい》のあなたです」

一九四一年《ねん》ごろから何年《なんねん》か、日本軍《にほんぐん》はインドシナに進駐《しんちゅう》してベトナムを支配《しはい》していたことがあります。

おじいさんが子《こ》どものころにみた日本人《にほんじん》は、銃《じゅう》を抱《かか》えた恐《おそ》ろしい軍人《ぐんじん》でした。

そのおじいさんが、今《いま》、会《あ》っているのは、車《くるま》いすを運《はこ》んできてくれたやさしい女性《じょせい》です。

大島《おおしま》さんは紘美《ひろみ》さんに通訳《つうやく》を頼《たの》んで、この車《くるま》いすをプレゼントしてくれたのは、日本《にほん》の四国《しこく》にある新居浜工業高校《にいはまこうぎょうこうこう》の生徒《せいと》たちであることを、しっかりと伝《つた》えてもらいました。

6　学校《がっこう》に行《い》けたチイちゃん

紘美《ひろみ》さんの恩師《おんし》、工藤先生《くどうせんせい》の手《て》でチイちゃんに届《とど》けられたのは、東京《とうきょう》の世田谷泉高校《せたがやいずみこうこう》から贈《おく》られた子《こ》ども用《よう》の車《くるま》いすです。

チイちゃんは、学校《がっこう》のすぐ近《ちか》くに住《す》んでいたのに、学校《がっこう》に行《い》けませんでした。

チイちゃんのお父《とう》さんとお母《かあ》さんは、子《こ》どもたちのために、働《はたら》かなくてはならないので、チイちゃんは妹《いもうと》や弟《おとうと》たちとはなれて、おばあちゃんの家《いえ》で暮《く》らしています。

チイちゃんは、体《からだ》を思《おも》うように動《うご》かせません。足《あし》の先《さき》も曲《ま》がってしま

い、ひとりでは歩《ある》けません。

チイちゃんのお世話《せわ》は、おばあちゃんが引《ひ》き受《う》けてきましたが、おばあちゃんも年《とし》をとり、思《おも》うようにチイちゃんを外《そと》に連《つ》れ出《だ》せません。

学校《がっこう》が近《ちか》いので、生徒《せいと》たちの楽《たの》しそうな声《こえ》が、チイちゃんのところまで聞《き》こえてきます。

チイちゃんは、ベッドにころがったまま、じっと耳《みみ》をすましています。

「学校《がっこう》ってどんなところかな？　わたしも学校《がっこう》にいきたいな！」

そんなチイちゃんを見《み》ると、おばあちゃんの心《こころ》は痛《いた》みました。

（チイちゃん、ごめんね。おばあちゃんが学校《がっこう》に連《つ》れて行《い》ってあげられるといいんだけど…）

おばあちゃんには、チイちゃんを学校《がっこう》に連《つ》れて行《い》くだけの体力《たいりょく》がありません。

ところがある日《ひ》、チイちゃんの夢《ゆめ》が叶《かな》う日《ひ》がきたのです。

工藤先生《くどうせんせい》がレンタカーに乗《の》って、車《くるま》いすを届《とど》けにきてくれたのです。

「わあ、車《くるま》いすだ。ありがとう！」

ふたりの妹《いもうと》たちも、ようすを見《み》にきました。

「チイちゃん、すごい車《くるま》いすだね」

「日本製《にほんせい》なんだよ」

チイちゃんは、何度《なんど》も車《くるま》いすに乗《の》って試《ため》してみました。

「おばあちゃん、ちょっと押《お》してみて！」

「はいよ。うまく動《うご》かせるかな？」

「いいからやってみて！」

「ああ、だいじょうぶだ！　かるいね。これならおばあちゃんでも動《うご》かせる。チイちゃん、いちばん最初《さいしょ》にどこに行《い》きたい？」

「学校《がっこう》よ、おばあちゃん。チイ、学校《がっこう》に行《い》きたいの！」
それからほどなく、チイちゃんは、一年生《ねんせい》のクラスに入学《にゅうがく》しました。
トイレの時間《じかん》をみはからって、おばあちゃんが、学校《がっこう》にかけつけます。
ある日《ひ》のこと、工藤先生《くどうせんせい》から送《おく》られてきた写真《しゃしん》をもって、紘美《ひろみ》さんは
チイちゃんたちのようすを見《み》にいきました。
と、言《い》っても、二十五キロのでこぼこ道《みち》を、自転車《じてんしゃ》に乗《の》っていくので
す。
帰《かえ》りにはまた、二十五キロの道《みち》のりを、自転車《じてんしゃ》に乗《の》って下宿《げしゅく》まで帰《かえ》り
ます。
汗《あせ》とほこりだらけになって、紘美《ひろみ》さんがチイちゃんの家《いえ》までつくと、
チイちゃんが井戸《いど》のそばで車《くるま》いすに座《すわ》っていて、おばあちゃんが、そば
で洗濯《せんたく》をしていました。

「こんにちは！」

いきなり紘美《ひろみ》さんが声《こえ》をかけたので、チイちゃんも、おばあちゃんも、びっくりぎょうてんです。

「チイちゃん、このあいだとった写真《しゃしん》よ」

工藤先生《くどうせんせい》から送《おく》られてきた写真《しゃしん》を見《み》せるとチイちゃんもおばあちゃんも大喜《おおよろこ》びです。

「わあ、きれいなカラー写真《しゃしん》だ」

白髪《はくはつ》のやさしい笑顔《えがお》の工藤先生《くどうせんせい》が、チイちゃんや家族《かぞく》の人《ひと》といっしょに写《うつ》っています。

写真《しゃしん》に見入《みい》りながらおばあちゃんが言《い》いました。

「ヒロミさん、ほんとにありがとう。この子《こ》は鉛筆《えんぴつ》を握《にぎ》れないから、ただ教室《きょうしつ》に座《すわ》って、先生《せんせい》の言《い》うことを聞《き》いているだけですが、それでも大《たい》変《へん》な進歩《しんぽ》ですよ」

「それはよかった。で、学校《がっこう》でなにか不自由《ふじゆう》なことはありませんか？」

「いえいえ、学校《がっこう》の中庭《なかにわ》には、段《だん》があるのですが、そこを超《こ》えるときなど、先生方《せんせいがた》が、みんなで手《て》つだってくださいます」

「そうですか！　チイちゃん、初《はじ》めて学校《がっこう》に行《い》ったとき、いきなりたくさんの人《ひと》に会《あ》って怖《こわ》くなかった？」

「ううん、楽《たの》しかったよ」

チイちゃんは、車《くるま》いすをとても大切《たいせつ》にしています。いつも「車《くるま》いすをふいて！」とおばあちゃんにおねだりするそうです。

紘美《ひろみ》さんは、元気《げんき》に学校《がっこう》にいくチイちゃんの姿《すがた》を「車《くるま》いすを修理《しゅうり》してくれた高校生《こうこうせい》たちにも見《み》てもらいたいな！」と思《おも》いました。

日本《にほん》の高校生《こうこうせい》たちが放課後《ほうかご》、貴重《きちょう》な時間《じかん》を費《つい》やして、こつこつ修理《しゅうり》してくれた車《くるま》いすが、日本《にほん》から遠《とお》くはなれたベトナムの片田舎《かたいなか》で、こんなに喜《よろこ》ばれているのです。

おばあちゃんは、工藤先生《くどうせんせい》がぶじに日本《にほん》に帰《かえ》られたことを聞《き》くと、ほっと息《いき》をつきました。

「工藤先生《くどうせんせい》には、言葉《ことば》で感謝《かんしゃ》の気持《きも》ちを伝《つた》えることはできませんでしたが、握手《あくしゅ》したときに、心《こころ》がつながっていることを感《かん》じました。やさしい先生《せんせい》と、車《くるま》いすをプレゼントしてくださった高校生《こうこうせい》のみなさんによろしくお伝《つた》えくださいね」

名物《めいぶつ》の蓮《はす》の葉《は》のお茶《ちゃ》の、ほのかな甘《あま》みを味《あじ》わいながら紘美《ひろみ》さんは幸《しあわ》せな気持《きも》ちになりました。

7　村《むら》での修理活動《しゅうりかつどう》

ゲアン省《しょう》のヴィン村《むら》に着《つ》いた翌日《よくじつ》、竹下《たけした》さんたち一行《いっこう》は朝《あさ》はやくホテルを出発《しゅっぱつ》しました。

裕美《ゆみ》さんは、きょう一日《にち》で五軒《けん》のお宅《たく》を訪問《ほうもん》して、車《くるま》いすの修理《しゅうり》をしなければなりません。修理《しゅうり》に必要《ひつよう》な工具《こうぐ》をいれた道具箱《どうぐばこ》を、レンタカーの後《うし》ろにしっかりと積《つ》みました。

最後《さいご》に紘美《ひろみ》さんが、助手席《じょしゅせき》に飛《と》びのります。

「じゃ、出発《しゅっぱつ》します。みなさん、ゆれるから気《き》をつけてください」

フォーさんが運転《うんてん》するレンタカーは、砂《すな》ぼこりをあげてヴィン村《むら》の道《みち》

を走《はし》っていきます。

「あ、ここです！」

紘美《ひろみ》さんが叫《さけ》んで、最初《さいしょ》にとまったのが、ニュンさんの雑貨屋《ざっかや》さんです。

木陰《こかげ》で小《ちい》さな子猫《こねこ》が遊《あそ》んでいます。

「ニュンさん、こんにちは！　車《くるま》いすを直《なお》しにきました」

「ありがとう！」

ニュンさんは、紘美《ひろみ》さんから教《おし》えてもらった片言《かたこと》の日本語《にほんご》で話《はな》します。

「どこが具合《ぐあい》わるいの？」

「ここよ。ひじかけがとれてしまうの」

裕美《ゆみ》さんは、車《くるま》いすをひっくり返《かえ》して調《しら》べました。

「あれ？　これって故障《こしょう》じゃない。このひじかけ、取《と》りはずしができるタイプなの。はずれてしまっただけよ」

「えっ、そうなの？　ごめん！」

「ほら、こうすれば使《つか》えるわ」

「わあ、そうなんだ！」

ニュンさんと紘美《ひろみ》さんはびっくりしています。裕美《ゆみ》さんは、あちこち点検《てんけん》をつづけます。

「車軸《しゃじく》はガタついてるし、ブレーキもあまい。この機会《きかい》にしっかり整備《せいび》しておかないと……」

佐々木《ささき》さんが、道具箱《どうぐばこ》からスパナを出《だ》して、裕美《ゆみ》さんに渡《わた》します。

「隊長《たいちょう》、どうぞ！」

「やあだ！　佐々木《ささき》さん…」

「隊長《たいちょう》！　スポークレンチにしますか、それともモンキーレンチですか？」

「またあ！」

スポークレンチは、スポークの張《は》りを調整《ちょうせい》するための道具《どうぐ》です。スポークというのは、車輪《しゃりん》の内側《うちがわ》に放射線状《ほうしゃせんじょう》に広《ひろ》がる細《ほそ》い金属棒《きんぞくぼう》です。いつもの修理大会《しゅうりたいかい》では、何人《なんにん》かの修理《しゅうり》ボランティアが、一組《ひとくみ》になって作業《さぎょう》をします。

でも、今日《きょう》の技術者《ぎじゅつしゃ》は裕美《ゆみ》さんたったひとりです。佐々木《ささき》さんもいっしょになって作業《さぎょう》に取《と》り組《く》まなくてはなりません。

部品《ぶひん》を運《はこ》んだり、タイヤを押《お》さえたり、助手《じょしゅ》となった佐々木《ささき》さんの役《やく》割《わり》は、炎天下《えんてんか》でけっこうきつい仕事《しごと》です。

佐々木《ささき》さんのTシャツ《ティー》は、たちまち汗《あせ》でびっしょりとなりました。ところで残念《ざんねん》なことが起《お》こりました。せっかく運《はこ》んできたノーパンクタイヤを、ニュンさんの車《くるま》いすにはめることができなかったのです。ノーパンクタイヤは、チューブがないので空気《くうき》を入《い》れる必要《ひつよう》のないタイヤです。

でも材質《ざいしつ》が硬《かた》いので、タイヤの大《おお》きさが少《すこ》し違《ちが》っても、リムの幅《はば》が一ミリ違《ちが》っても、ノーパンクタイヤはうまくはめることができないのです。

「ごめんね」

裕美《ゆみ》さんはなぐさめて、荷物《にもつ》に入《い》れてきた空気入《くうきい》れをニュンさんにプレゼントしました。

ニュンさんの車《くるま》いすの調整《ちょうせい》が終《お》わると、紘美《ひろみ》さんは、ニュンさんをいつものように抱《かか》えてレンタカーの助手席《じょしゅせき》に乗《の》せます。

「次《つぎ》は生《う》まれつき体《からだ》が不自由《ふじゆう》で、ねたっきりのチャンちゃん。その次《つぎ》は、脳梗塞《のうこうそく》で倒《たお》れたタムおじいちゃんのところです」

今《いま》までに届《とど》けた車《くるま》いすも、村《むら》の事情《じじょう》に詳《くわ》しいニュンさんに相談《そうだん》して、車《くるま》いすを必要《ひつよう》とする人《ひと》から順《じゅん》に届《とど》けてきました。チャンちゃんの家《いえ》でも、タムおじいちゃんのところでも、裕美《ゆみ》さんは作業《さぎょう》をつづけます。

車輪《しゃりん》の回転《かいてん》が悪《わる》くないか？

ブレーキがしっかりとかかるか？

前輪《ぜんりん》にゴミが詰《つ》まって回《まわ》らなくなっていないか？　すり減《へ》っていないか？

そのほか、フットプレートの高《たか》さは適当《てきとう》か？　などをていねいにチェックしていきます。

最後《さいご》に、ばらばらにした部品《ぶひん》の取《と》り付《つ》け忘《わす》れがないかをたしかめ、自《じ》分《ぶん》で乗《の》ってみます。

ブレーキの利き方《かた》には、特《とく》に気《き》を配《くば》らなくてはなりません。自分《じぶん》に合《あ》わせてしまうと握力《あくりょく》の弱《よわ》い体《からだ》の不自由《ふじゆう》な人《ひと》では、操作《そうさ》できないことがあるからです。

ニュンさんのところでも、チャンちゃんのところでも、うまくいかなかったノーパンクタイヤを、みごとにはめることができたのは、タムおじいちゃんのところでした。

ノーパンクタイヤに替《か》える作業《さぎょう》は、まず、エアータイヤの外側部分《そとがわぶぶん》とチューブをはずします。かたいノーパンクタイヤを車輪《しゃりん》にはめ込《こ》むためには、大《おお》きなタイヤレバーという工具《こうぐ》を使《つか》うので強《つよ》い力《ちから》が必要《ひつよう》です。裕美《ゆみ》さんが悪戦苦闘《あくせんくとう》していると、さっきから、熱心《ねっしん》に作業《さぎょう》をみていたフォーさんが、みるにみかねて飛《と》び出《だ》してきました。

フォーさんが作業《さぎょう》をはじめると、ノーパンクタイヤは、みるみる車輪《しゃりん》にぴたりとはまりました。

フォーさんは、入《い》れ終《お》わった車輪《しゃりん》を両手《りょうて》で持《も》ち上《あ》げて、タイヤ部分《ぶぶん》を床《ゆか》にトントンとリズミカルにたたきつけていきます。

「わあ、フォーさん、ありがとう！」

考《かんが》えてみると、運転手《うんてんしゅ》のフォーさんは、車《くるま》についてはまさに専門家《せんもんか》です。タイヤの扱《あつか》いにも慣《な》れているのです。

でも日本《にほん》では、レンタカーやタクシーの運転手《うんてんしゅ》さんが、よその家《いえ》まで上《あ》がりこんで、みんなといっしょにこんな手伝《てつだ》いをしてくれるでしょうか？

満《み》ち足《た》りた表情《ひょうじょう》のフォーさんと、感動《かんどう》している竹下《たけした》さんを招《まね》いて、タムおじいちゃんの弟《おとうと》のトクさんがお茶《ちゃ》をすすめます。

「渋《しぶ》みがあっておいしいお茶《ちゃ》ですね」

日本語《にほんご》がわからなくてもトクさんはうなずきます。

「シン　モイ　アン　ケオ（どうぞお菓子《かし》を食《た》べてください）」

ベトナム語《ご》で言《い》われたのに、竹下《たけした》さんは、さっとお菓子《かし》に手《て》を出《だ》します。

トクさんが、小《ちい》さな茶碗《ちゃわん》に入《い》れてくれたベトナムのお茶《ちゃ》を何度《なんど》もお代《か》わりしながら竹下《たけした》さんはひとりごとを言《い》いました。

「ベトナムには、日本《にほん》がずっと昔《むかし》に失《うしな》ってしまった素朴《そぼく》なやさしさが生《い》きているような気《き》がするなあ」

アジアハイウェイでみかけた幸《しあわ》せそうな親子《おやこ》づれの牛《うし》……。

自由《じゆう》に家《いえ》に出入《でい》りするノラ猫《ねこ》たち。

「いいなあ。こうしていると、子《こ》どものころを思《おも》い出《だ》すよ。日本《にほん》じゃ犬《いぬ》にブランドものの服《ふく》を着《き》せる時代《じだい》だからなあ。料理《りょうり》は手《て》ぬき。ファミレスは全盛《ぜんせい》。こうなってくると文明《ぶんめい》ってなんだ？って気《き》がするよ。でも……」

竹下《たけした》さんは、言葉《ことば》につまりました。

さっき見《み》たチャンちゃんの家《いえ》のトイレを思《おも》い出《だ》したからです。

チャンちゃんの家《いえ》のトイレは、昔《むかし》の日本《にほん》の農家《のうか》のように外《そと》にあり、足《あし》おきの石《いし》の間《あいだ》に穴《あな》を掘《ほ》っただけの粗末《そまつ》なものでした。

裕美《ゆみ》さんが、キャーと叫《さけ》んで飛《と》び出《だ》してきて「野《の》ションー！」「野《の》ションー！」と畑《はたけ》のほうに駆《か》け出《だ》したほどです。

日本《にほん》では、かなり田舎《いなか》に行《い》っても車《くるま》いす用《よう》のトイレがあります。ベトナムに車《くるま》いす用《よう》のトイレはあるのでしょうか？

あっても数《かず》が少《すく》ないでしょう。

タムおじいちゃんは、タイヤがパンクしないノーパンクタイヤに替《か》えられたことがうれしくて、ベッドから車《くるま》いすへ何回《なんかい》も乗《の》ったり降《お》りたりして見《み》せました。

「車《くるま》いすをもらう前《まえ》には、ごはんを食《た》べるのもトイレに行《い》くのも、妻《つま》の背中《せなか》を借《か》りていた。今《いま》はこうしてひとりで車《くるま》いすで行《い》けるよ」

タムおじいちゃんの奥《おく》さんが、土間《どま》の台所《だいどころ》で揚《あ》げる餅菓子《もちがし》のにおいがただよってきます。

どこに行《い》っても、美味《おい》しいベトナムのお茶《ちゃ》と、自分《じぶん》で炒《い》ったピーナッツや、揚《あ》げ菓子《がし》のおやつが出《で》ます。

そして、いつのまにかレンタカーの後《うし》ろに、おみやげ用《よう》の大《おお》きな麻袋《あさぶくろ》に入《はい》った皮《かわ》つきのピーナッツや、大量《たいりょう》のサツマイモが積《つ》まれているのです。

チイちゃんのおばあちゃんが、車《くるま》の後《うし》ろに積《つ》んでくれたのは、サッカーボールみたいに大きいジャックフルーツが二個《こ》でした。

8 アヒルの卵《たまご》

チイちゃんの家《いえ》のお昼《ひる》ごはんは、とてもにぎやかでした。
いつもは、はなれて暮《く》らしているお母《かあ》さんやふたりの妹《いもうと》や弟《おとうと》もやってきました。
親戚《しんせき》のおじさんやおばさん、近所《きんじょ》の人《ひと》たちまでが集《あつ》まってきました。

でもいっしょに食《た》べるのは親戚《しんせき》のおじさんだけで、あとは日本人《にほんじん》が食《た》べるのをまわりで見学《けんがく》しています。

土間《どま》にゴザを敷《し》くと、そこがテーブルになります。

ゴーヤとトマトの炒《いた》め物《もの》。手《て》づくりのフォー。川《かわ》の魚《さかな》を揚《あ》げたもの。生野菜《なまやさい》。ご飯《はん》。なんだかわからない揚《あ》げ物《もの》もずらりとテーブルに並《なら》びました。

ひとつ不思議《ふしぎ》なものがありました。アヒルのゆで卵《たまご》です。でも、ふつうの卵《たまご》じゃなくて中《なか》に孵化《ふか》する寸前《すんぜん》のヒヨコがはいっているのです。

みんなが遠慮《えんりょ》していたときです。

裕美《ゆみ》さんが「食《た》べよっ！」と口《くち》にいれました。

「なんかこりこりしてる！」

裕美《ゆみ》さんは目《め》をシロクロさせながらも、なんとか飲《の》み込《こ》みました。

この地方《ちほう》では、ヒヨコ入《い》りのアヒルの卵《たまご》は、ふだんは食《た》べられないご馳走《ちそう》だそうです。

おばあちゃんは、そのご馳走《ちそう》を、みんなのために特別《とくべつ》に用意《ようい》してくれたのです。

だから裕美《ゆみ》さんは食《た》べました。

裕美《ゆみ》さんはそういう人《ひと》なんです。

食事《しょくじ》のあとは、近所《きんじょ》の子《こ》どもも集《あつ》まってきて日本《にほん》から持《も》ってきた、ブーブーうなりながら飛《と》んでいくブーブーフーセンや、折《お》り紙《がみ》で遊《あそ》びました。ニュンさんもフォーさんもいっしょになって遊《あそ》びます。車《くるま》いすに乗《の》ったチイちゃんは、ブーブーフーセンをぶつけられて、声《こえ》をあげて笑《わら》いころげています。

水色《みずいろ》のシャツを着《き》たチイちゃんのおじさんが、食後《しょくご》に改《あらた》まってあいさ

つをしました。

「ベトナムは不幸《ふこう》な戦争《せんそう》があって、チイちゃんみたいな子《こ》どもがたくさん生《う》まれた。でも、遠《とお》い日本《にほん》からこうして、わざわざ助《たす》けに来《き》てくださる。その気持《きも》ちがたまらなく嬉《うれ》しいです」

壁《かべ》には、チイちゃんに車《くるま》いすを持《も》ってきてくれた工藤先生《くどうせんせい》の写真《しゃしん》が飾《かざ》ってあります。

車《くるま》いすをもらわなかったら、チイちゃんはまだ学校《がっこう》へ行《い》けなかったでしょう。

ひとりぼっちでベッドにころがって、学校《がっこう》から聞《き》こえてくるお友《とも》だちの声《こえ》を聞《き》いてさびしい思《おも》いをしていたかもしれません。

遠《とお》い国《くに》の高校生《こうこうせい》が修理《しゅうり》してくれた中古《ちゅうこ》の車《くるま》いすは、チイちゃんにとってはかけがえのない宝物《たからもの》なのです。

チイちゃんのところで、ゆっくり休《やす》ませてもらった一行《いっこう》は、持参《じさん》した五台《だい》の車《くるま》いすを贈呈《ぞうてい》するために、見晴《みは》らしのいい丘《おか》に建《た》つグエン・コンさんが運営《うんえい》する身体障害者《しんたいしょうがいしゃ》の施設《しせつ》に行《い》きました。

グエンさんの長男《ちょうなん》の二十六歳《さい》のフンさんと妹《いもうと》の二十歳《はたち》のヴァンさんは、そろって『枯葉剤《かれはざい》』の影響《えいきょう》をうけ、体《からだ》が不自由《ふじゆう》です。

絵《え》を描《えが》くことが好《す》きなヴァンさんは、コンピューターを使《つか》ってグラフィックデザイナーとして働《はたら》いています。

行動的《こうどうてき》なフンさんは、『枯葉剤《かれはざい》』の影響《えいきょう》による体《からだ》の不自由《ふじゆう》な人《ひと》たちの現状《げんじょう》を訴《うった》える手紙《てがみ》を政府《せいふ》のえらい人《ひと》に宛《あ》てて送《おく》りました。そのあと、連絡《れんらく》があってフンさんは、そのえらい人《ひと》に面会《めんかい》したそうです。

お父《とう》さんのグエンさんは、日本《にほん》の着物《きもの》の帯《おび》に刺繍《ししゅう》をする作業場《さぎょうば》を何箇所《なんかしょ》かにつくり、村《むら》の若《わか》い女性《じょせい》に仕事《しごと》を覚《おぼ》えさせ、収入《しゅうにゅう》の機会《きかい》をつくっています。

生活《せいかつ》にゆとりのあるグエンさんは、体《からだ》の不自由《ふじゆう》な子《こ》どもたちを、十五人《ひと》も引《ひ》き取《と》り、面倒《めんどう》をみて暮《く》らしています。

施設《しせつ》は明《あか》るく近代的《きんだいてき》な建物《たてもの》で、右手《みぎて》には、パソコンがずらりと並《なら》んだパソコン教室《きょうしつ》がありました。

入所者《にゅうしょしゃ》であるタムさんとスワンさんは、この教室《きょうしつ》でパソコン操作《そうさ》を習得《しゅうとく》して、今《いま》では、教室《きょうしつ》の先生《せんせい》をしています。

この少女《しょうじょ》たちもニュンさんと同《おな》じ症状《しょうじょう》で足《あし》が発達《はったつ》せず麻痺《まひ》してしまっています。

二〇〇七年《ねん》の六月下旬《がつげじゅん》、紘美《ひろみ》さんは、ヴァンさんたち村《むら》の体《からだ》の不自由《ふじゆう》な人《ひと》たちにすてきなプレゼントをしました。

二年間《ねんかん》にわたるベトナムでの助産師《じょさんし》としての仕事《しごと》がまもなく終《お》わるので、フエまでの四泊《ぱく》五日《か》のバス旅行《りょこう》を企画《きかく》したのです。みやフエは、ベトナム最後《さいご》の王朝《おうちょう》グエン朝《ちょう》の都《みやこ》がおかれた古都《こと》です。みやびやかなこの都《みやこ》を、体《からだ》の不自由《ふじゆう》な人《ひと》たちにもひとめ見《み》てもらいたいと、紘美《ひろみ》さんは、自分《じぶん》でお金《かね》を出《だ》して、二十四人乗《にんの》りの運転手《うんてんしゅ》付《つ》きのレンタカーを借《か》りました。

ヴァンさんやニュンさん、タムさん、スワンさんたちを入《い》れて八人《にん》の体《からだ》の不自由《ふじゆう》な人《ひと》たちが、車《くるま》いすに乗《の》って旅行《りょこう》に参加《さんか》しました。そのうち二台《だい》の車《くるま》いすが日本《にほん》から贈《おく》られてきたものです。

みんなに付《つ》き添《そ》ったのは、紘美《ひろみ》さんの友人《ゆうじん》や、村《むら》の人《ひと》たちでした。この旅行《りょこう》は、村《むら》の人々《ひとびと》からもらった温《あたた》かい気持《きも》ちにたいする紘美《ひろみ》さんの感謝《かんしゃ》の気持《きも》ちでした。

ギーロック県病院《けんびょういん》でみんなの世話《せわ》をする紘美《ひろみ》さんのことを患者《かんじゃ》さんたちは、「ヒロミお母《かあ》さん」と呼《よ》びます。

病院《びょういん》の朝《あさ》のミーティングのときに院長先生《いんちょうせんせい》がいわれるそうです。

「みんなヒロミを見習《みなら》って患者《かんじゃ》さんに優《やさ》しくしてあげなさい」

そんな紘美《ひろみ》さんが「裏仕事《うらしごと》です」と謙遜《けんそん》しながらも、ゲアン省《しょう》の貧《まず》しい村《むら》にくばった車《くるま》いすは、今回《こんかい》の五台《だい》をいれると、なんと二十台《だい》にもなりました。

9　トウイーさんとボンさん

最後《さいご》に修理《しゅうり》に向《む》かったのは、二十六歳《さい》と二十二歳《さい》の女性《じょせい》、トウイーさんとボンさんの姉妹《しまい》です。

ふたりを初《はじ》めてみたとき、みんなは、はっとして口《くち》をつぐみました。

ふたりは並《なら》んで、床《ゆか》にころがっていました。

トウイーさんとボンさんは、頭《あたま》から足《あし》の先《さき》まで全《まった》く同《おな》じ状態《じょうたい》でした。

顔《かお》はふつうの大《おお》きさなのに、首《くび》から下《した》が、ほとんど赤《あか》ちゃんのときのままなのです。

手《て》も足《あし》もほとんどないといってもよく、身長《しんちょう》はせいぜい七十センチぐ

らいです。

まるで、ロシアのマトリョーシカ人形《にんぎょう》のようです。

ショックを受《う》けている一行《いっこう》に向《む》かって、ふたりは、黒《くろ》いキラキラした瞳《ひとみ》で笑《わら》いかけました。

トウイーさんもボンさんも、どんなに努力《どりょく》しても座《すわ》ることはできません。

いつも床《ゆか》にころがっていて動《うご》くときには、少《すこ》しずつ這《は》っていくのです。

トウイーさんたちに見《み》える世界《せかい》は、子《こ》どものときから今《いま》までずっと、天井《てんじょう》が中心《ちゅうしん》でした。

ふたりは、そんな暮《く》らしに耐《た》えました。

声《こえ》をしのんで泣《な》いたこともありました。

死《し》にたくなったこともありました。

でも、家族《かぞく》の愛《あい》がふたりを支《ささ》えてくれました。

姉妹《しまい》のお母《かあ》さんは、小《ちい》さな美容院《びよういん》を経営《けいえい》しています。

お母《かあ》さんは、ふたりにいつもさっぱりとした服《ふく》を着《き》せ、シャンプーした黒髪《くろかみ》を短《みじか》くカットして整《ととの》えました。

お店《みせ》の人《ひと》も、介助《かいじょ》を手伝《てつだ》います。

でも、日本《にほん》の高校生《こうこうせい》から車《くるま》いすをもらうまでは、ふたりが散歩《さんぽ》に連《つ》れて行《い》ってもらう機会《きかい》はほとんどありませんでした。

日本《にほん》の高校生《こうこうせい》から車《くるま》いすが贈《おく》られて、お人形《にんぎょう》さんのようなふたりは、一台《だい》の車《くるま》いすに並《なら》んで座《すわ》らせてもらって、散歩《さんぽ》に連《つ》れていってもらうようになりました。

そして今日《きょう》という日《ひ》、プレゼントした車《くるま》いすを調整《ちょうせい》するために、遠《とお》い日本《にほん》から「修理《しゅうり》ボランティア」の裕美《ゆみ》さんが来《き》てくれたのです。

裕美《ゆみ》さんは一休《ひとやす》みもしないで日差《ひざ》しが強い午後《ごご》の庭《にわ》に出《で》て、整備《せいび》にとりかかりました。

「ふたりの車《くるま》いす、具合《ぐあい》はどうかな？　どうすれば乗《の》りやすくなるかしら？」

汗《あせ》びっしょりの佐々木《ささき》さんが、フレームと車輪《しゃりん》の間《あいだ》にあるナットと呼《よ》ばれる部分《ぶぶん》を、スパナで支《ささ》えて裕美《ゆみ》さんを助《たす》けます。

車軸《しゃじく》ががたつかないか？

異常音《いじょうおん》がしないか？

ベアリングを清浄《せいじょう》した後《あと》は、新《あたら》しいグリスを多《おお》めにぬっておきます。

ふたりの額《ひたい》から、汗《あせ》がぽとぽとしたたり落《お》ちます。

がんばって、しっかりと整備《せいび》しないといけません。

この次《つぎ》に『空飛《そらと》ぶ車《くるま》いす』の「輸送《ゆそう》ボランティア」や、「修理《しゅうり》ボランティア」がこの村《むら》を訪《おとず》れるのはいつの事《こと》になるかわからないからです。

見物人《けんぶつにん》が、ひとりふたりと増《ふ》える中《なか》で、裕美《ゆみ》さんは、最後《さいご》の車《くるま》いすの修理《しゅうり》を終《お》えました。

「やったあ！　終《お》わったわ。乗《の》ってみて！」

「うーん、ラクチンです」

はじめに乗《の》せてもらったボンさんが、茶目《ちゃめ》っぽく笑《わら》います。

裕美《ゆみ》さんは車《くるま》いすを押《お》して外《そと》に出《で》ました。

さわやかな風《かぜ》が吹《ふ》きぬけていきます。

目《め》の前《まえ》で緑《みどり》の小枝《こえだ》がゆれています。

青《あお》い空《そら》。まぶしい太陽《たいよう》。みどりの野原《のはら》。

黒《くろ》い小鳥《ことり》が木立《こだち》をよこぎって飛《と》んでいきます。

トウイーさんとボンさんが話《はな》しています。

「いい空気《くうき》だね」

「たのしいね」

裕美《ゆみ》さんは、なぜか涙《なみだ》が出《で》そうになりました。

今夜《こんや》には、ここを離《はな》れる裕美《ゆみ》さんです。

「ありがとう。また来《き》てくれる？」

手《て》まねで訊《たず》ねる姉妹《しまい》に裕美《ゆみ》さんは答《こた》えました。

「くるわ！　それまで元気《げんき》でがんばってね」


ヴィン村《むら》の西《にし》の空《そら》で茜色《あかねいろ》の雲《くも》が輝《かがや》いています。みんなの顔《かお》も輝《かがや》いていました。

第2部 アジアに広《ひろ》がる笑《え》顔《がお》

1　はじめの一歩《いっぽ》

『空《そら》飛《と》ぶ車《くるま》いす』は、ベトナムに行《い》くだけではありません。たくさんの車《くるま》いすが、今日《きょう》も空《そら》を飛《と》んでアジアのあちこちに運《はこ》ばれていきます。

高校生《こうこうせい》や大学生《だいがくせい》のボランティア活動《かつどう》によってアジアに届《とど》けられた車《くるま》いすの数《かず》は、一九九九年《ねん》から二〇〇六年《ねん》にかけてだけでも、二三三五台《だい》もあります。

寄贈《きぞう》された国《くに》と地域《ちいき》は、モンゴル、韓国《かんこく》、台湾《たいわん》、フィリピン、カンボジア、ネパール、タイ、ベトナム、ミャンマー、マレーシア、インドネ

シア、スリランカ、シンガポール、イラン、南《みなみ》アフリカ、ペルーの一六にもおよびます。

二〇〇七年《ねん》八月《がつ》の時点《じてん》で、『空飛《そらと》ぶ車《くるま》いす』の活動《かつどう》に参加《さんか》している学《がっ》校《こう》は全国《ぜんこく》二十三都道府県《とどうふけん》五十九校《こう》です。


こうして、アジアの国々《くにぐに》に贈《おく》られる『空飛《そらと》ぶ車《くるま》いす』の活動《かつどう》は、いったい、いつ、どのようにして始《はじ》まったのでしょう?

一九九一年《ねん》五月《がつ》のことです。重症《じゅうしょう》を負《お》ったタイ人《じん》の女性《じょせい》が宇都宮済生《うつのみやさいせい》会病院《かいびょういん》に運《はこ》び込《こ》まれてきました。

医療陣《いりょうじん》が手《て》をつくした結果《けっか》、女性《じょせい》は命《いのち》をとりとめましたが左半身《ひだりはんしん》がマヒしてしまい、車《くるま》いすを使《つか》うことになりました。

この事件《じけん》を知《し》った同《おな》じくタイ人《じん》で、日本人《にほんじん》と結婚《けっこん》して宇都宮市内《うつのみやしない》のボランティア団体《だんたい》「アジアの問題《もんだい》を考《かんが》える会《かい》」を立《た》ち上《あ》げた泉田《いずみだ》スジンダさんは、すぐに病院《びょういん》にかけつけて女性《じょせい》の介護《かいご》をするかたわら、治療費《ちりょうひ》の工面《くめん》などをはじめました。

一九九二年《ねん》三月《がつ》、スジンダさんは、身寄《みよ》りのない女性《じょせい》の身元引受人《みもとひきうけにん》として彼女《かのじょ》をタイへつれて帰《かえ》りました。

生《う》まれてはじめて故郷《こきょう》の障害者生活施設《しょうがいしゃせいかつしせつ》を訪《おとず》れたスジンダさんは、そこで暮《く》らしている人々《ひとびと》の生活《せいかつ》をみて、日本《にほん》の福祉《ふくし》とタイの福祉《ふくし》の違《ちが》いに驚《おどろ》きました。

車《くるま》いすについても、日本《にほん》では一割程度《いちわりていど》の負担《ふたん》でだれでも利用《りよう》できる車《くるま》いすなのに、タイでは高《たか》い車《くるま》いすをだれでも手《て》に入《い》れられるわけではありません。

スジンダさんたちを迎《むか》えた施設《しせつ》の人々《ひとびと》は、乗《の》り心地《ごこち》のよさそうな日本《にほん》の車《くるま》いすにみとれています。

「軽《かる》そうだな。あんな車《くるま》いすがほしいなあ！」

そのとき、スジンダさんの頭《あたま》に、ある考《かんが》えがひらめきました。

（日本《にほん》で使《つか》われなくなった車《くるま》いすを故郷《こきょう》の体《からだ》の不自由《ふじゆう》な人《ひと》たちのために役《やく》だてることはできないだろうか？）

日本《にほん》へ帰《かえ》ったスジンダさんは、「アジアの問題《もんだい》を考《かんが》える会《かい》」のメンバーに、車《くるま》いすをタイに贈《おく》ることが出来《でき》ないかと相談《そうだん》しました。

同時《どうじ》に、福祉施設《ふくししせつ》や老人《ろうじん》ホームで調《しら》べたところ、使《つか》われなくなった車《くるま》いすは、たくさんあることがわかってきました。

しかし、問題《もんだい》は車《くるま》いすの状態《じょうたい》でした。どの車《くるま》いすもサビだらけだったり、故障《こしょう》していたりで、そのままではとても使《つか》い物《もの》になりません。

「修理《しゅうり》さえすれば、車《くるま》いすは生《い》きかえる。そうなれば故郷《こきょう》の人《ひと》たちはどんなに喜《よろこ》ぶだろう。なんとか車《くるま》いすを修理《しゅうり》する方法《ほうほう》がないかしら?」

スジンダさんは考《かんが》えをめぐらせました。

そしてふと、タイでボランティア活動《かつどう》をつづける栃木工業高校《とちぎこうぎょうこうこう》のことを思《おも》い出《だ》したのです。

「そうだ! 栃木工業高校《とちぎこうぎょうこうこう》に車《くるま》いすの修理《しゅうり》をお願《ねが》いしてみよう」

スジンダさんは、全国社会福祉協議会《ぜんこくしゃかいふくしきょうぎかい》の協力《きょうりょく》を得《え》て始《はじ》まった、栃木《とちぎ》工業高校《こうぎょうこうこう》の第《だい》一回目《かいめ》の「タイ・ボランティア活動《かつどう》」の報告会《ほうこくかい》に出席《しゅっせき》していたので、「タイボラ」とよばれている高校生《こうこうせい》の活動《かつどう》のことを知《し》っていたのです。

「技術《ぎじゅつ》を学《まな》んでいる生徒《せいと》さんたちだ。車《くるま》いすのメンテナンスに協力《きょうりょく》してくれるかもしれない」

そう考《かんが》えるとスジンダさんはほっとしました。タイの福祉施設《ふくししせつ》で、日《に》本《ほん》の車《くるま》いすに乗《の》る人々《ひとびと》の笑顔《えがお》が見《み》えるような気《き》がしました。

ちょうどそのころ、栃木工業高校《とちぎこうぎょうこうこう》では第《だい》二回目《かいめ》の「タイ・ボランティア活動《かつどう》」が実行《じっこう》されたところでした。

一回目《かいめ》の反省点《はんせいてん》を検討《けんとう》して、二回目《かいめ》の活動《かつどう》では障害児教育施設《しょうがいじきょういくしせつ》やストリートチルドレン厚生施設《こうせいしせつ》を見学《けんがく》したり、スラムの保育園《ほいくえん》や障害児施設《しょうがいじしせつ》に学用品《がくようひん》を贈《おく》るなどして、前回《ぜんかい》よりも交流《こうりゅう》が深《ふか》まりました。

言葉《ことば》は通《つう》じなくても、身振《みぶ》り手振《てぶ》りでなごやかにコミュニケーションをはかる生徒《せいと》たちに、引率《いんそつ》の先生方《せんせいがた》も今《いま》までの苦労《くろう》を忘《わす》れました。

「タイボラは、このままずっとつづいていくだろう」

先生方《せんせいがた》はこの先《さき》が楽《たの》しみでした。

しかし、成功《せいこう》したと思《おも》われたこの活動《かつどう》も、ときがたつにつれ問題《もんだい》が浮《う》かびあがってきたのです。

「タイでボランティア活動《かつどう》をするといっても、福祉施設《ふくししせつ》を訪問《ほうもん》したりプレゼントを渡《わた》すだけじゃないか。これで果《は》たして現地《げんち》の人《ひと》の役《やく》にたつボランティア活動《かつどう》といえるのだろうか？」

という疑問《ぎもん》の声《こえ》が、学校《がっこう》の内外《ないがい》から聞《き》こえてきたからです。

スジンダさんの相談《そうだん》は、そういう状況《じょうきょう》のさなかに栃木工業高校《とちぎこうぎょうこうこう》に舞《ま》い込《こ》んできたのです。

「タイの体《からだ》の不自由《ふじゆう》な人《ひと》たちのために、工業 高校《こうぎょうこうこう》の生徒《せいと》さんたちに車《くるま》いすの修理《しゅうり》をお願《ねが》いできないでしょうか？」

スジンダさんから話《はなし》を聞《き》いた栃木工業高校《とちぎこうぎょうこうこう》の福祉機器製作部《ふくしききせいさくぶ》の穐山幸《あきやまこう》一先生《いちせんせい》（当時《とうじ》）は、スジンダさんの願《ねが》いをなんとか実現《じつげん》したいと努力《どりょく》しました。

その結果《けっか》、穐山先生《あきやませんせい》は、車《くるま》いすの部品代《ぶひんだい》として文部省《もんぶしょう》（当時《とうじ》）から二十万円《まんえん》、「アジアの問題《もんだい》を考《かんが》える会《かい》」から十万円《まんえん》を助成《じょせい》してもらって、生《せい》徒《と》たちと共《とも》に修理活動《しゅうりかつどう》に取《と》り組《く》みはじめました。

さまざまな経過《けいか》がありましたが、一九九二年《ねん》八月《がつ》一六日《にち》。ついに栃木《とちぎ》工業高校《こうぎょうこうこう》の福祉機器製作部《ふくしききせいさくぶ》によって整備《せいび》された七台《だい》の車《くるま》いすが、タイ・プラパデンの国立障害者施設《こくりつしょうがいしゃしせつ》に運《はこ》ばれたのです。運《はこ》んだのは『栃木《とちぎ》YM《ワイエム》CA《シーエー》』のタイ・ワークキャンプの参加者《さんかしゃ》でした。

このときすでに、全国社会福祉協議会《ぜんこくしゃかいふくしきょうぎかい》の研修生《けんしゅうせい》が受《う》け入《い》れ先《さき》として、かかわっていました。後《のち》に『空飛《そらと》ぶ車《くるま》いす』の「受《う》け取《と》りボランティア」となって、アジアの各地《かくち》で活躍《かつやく》する人々《ひとびと》のさきがけです。

これが事実上《じじつじょう》の『空飛《そらと》ぶ車《くるま》いす』の第一歩《だいいっぽ》です。

その後《ご》も栃木工業高校《とちぎこうぎょうこうこう》のタイ・ボランティア活動《かつどう》は順調《じゅんちょう》に進《すす》み、現在《げんざい》までのタイでの主《おも》な活動場所《かつどうばしょ》も、バンコク、パタヤ、カンチャナブリ、チェンマイ、ウドンタニ、ノーンカーイ、ウボンラチャタニ、チャン島《とう》、チェンライと広《ひろ》がり、二〇〇七年春《ねんはる》までに一七〇〇台以上《だいいじょう》の車《くるま》いすが栃木工業高校《とちぎこうぎょうこうこう》から二十一か国《こく》の体《からだ》の不自由《ふじゆう》な人《ひと》たちの手《て》にわたりました。

こうして栃木工業高校《とちぎこうぎょうこうこう》の「タイボラ」から始《はじ》まった『空飛《そらと》ぶ車《くるま》いす』の「修理《しゅうり》ボランティア」活動《かつどう》は、その後《ご》めざましい勢《いきお》いで全国《ぜんこく》の工業高《こうぎょうこう》校《こう》に広《ひろ》がり、神奈川工科大学《かながわこうかだいがく》、新潟医療福祉大学《にいがたいりょうふくしだいがく》、岩手大学《いわてだいがく》などを含《ふく》めた学生《がくせい》による大《おお》きなボランティア活動《かつどう》へと発展《はってん》していったのです。

2 「天馬《てんま》くんの車《くるま》いす」と「おじいちゃんの車《くるま》いす」

二〇〇四年《ねん》一二月《がつ》二六日《にち》、スマトラ島沖《とうおき》で巨大地震《きょだいじしん》が起《お》こり、インド洋大津波《ようおおつなみ》が発生《はっせい》して、スリランカでも、約五万人《やくまんにん》の人々《ひとびと》が犠牲《ぎせい》になりました。

津波《つなみ》の惨状《さんじょう》は言葉《ことば》では言《い》い尽《つ》くせないほど悲惨《ひさん》でした。

妻《つま》や子《こ》どもをなくしたショックで寝《ね》たきりになってしまった人《ひと》や、津《つ》波《なみ》のために孤児《こじ》になった赤《あか》ちゃんや、水《みず》がこわくてトイレにも行《い》けなくなってしまった子《こ》どもたちもたくさんいました。

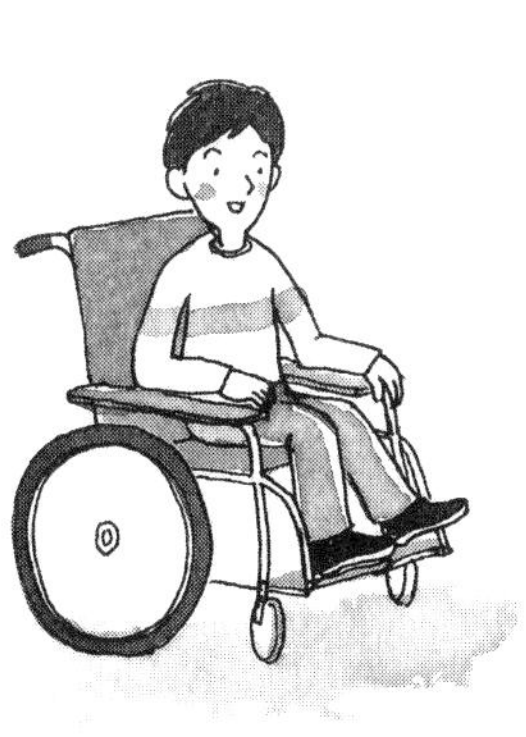

ケガをして車《くるま》いすが必要《ひつよう》になった人《ひと》や、環境《かんきょう》の変化《へんか》に適応《てきおう》できずに歩《ある》けなくなってしまったお年寄《としよ》りも大勢《おおぜい》います。

三日後《かご》の二九日《にち》にカルタラの児童養護施設《じどうようごしせつ》「少年《しょうねん》の家《いえ》」の施設長《しせつちょう》を務《つと》めるアーリアダーサさんから日社済《にっしゃさい》の佐々木《ささき》さんに「車《くるま》いすを贈《おく》ってもらえないか？」という申《もう》し出《で》がありました。

アーリアダーサさんは、一九八七年《ねん》に全国社会福祉協議会《ぜんこくしゃかいふくしきょうぎかい》の「アジア社会福祉従事者研修《しゃかいふくしじゅうじしゃけんしゅう》」に参加《さんか》し、日本《にほん》の福祉《ふくし》を一年間研修《ねんかんけんしゅう》した研修生《けんしゅうせい》です。そして、二〇〇三年《ねん》の『空飛《そらと》ぶ車《くるま》いすの恩返《おんがえ》しセミナー』に参加《さんか》し、『空飛《そらと》ぶ車《くるま》いす』の活動《かつどう》をよく知《し》っていました。

アーリアダーサさんと同《おな》じように日本《にほん》で研修《けんしゅう》を受《う》けたソーシャルワーカーの女性《じょせい》ニラーニさんも大《おお》きな悲《かな》しみを味《あじ》わいました。

家族《かぞく》で、南部《なんぶ》のマータラというところに旅行中《りょこうちゅう》だったニラーニさんは、津波《つなみ》に遭《あ》いました。ホテルの天井《てんじょう》すれすれまで水《みず》がきて、一時《いちじ》は死《し》を覚悟《かくご》したニラーニさんでしたが、うまく水《みず》がひいて、奇跡的《きせきてき》に一命《いちめい》をとりとめることができました。

ところが、外《そと》で遊《あそ》んでいた五歳《さい》のひとり息子《むすこ》のシダットアヌマくんは、海《うみ》に流《なが》されてしまったのです。

ニラーニさんは悲《かな》しみを乗《の》り越《こ》えて、ヤシの木《き》につかまって助《たす》かった夫《おっと》といっしょに、被害《ひがい》にあった人々《ひとびと》を助《たす》ける仕事《しごと》をはじめました。

「被災者《ひさいしゃ》たちを助《たす》けてください」

アーリアダーサさんたちの申《もう》し出《で》に応《こた》えて『空飛《そらと》ぶ車《くるま》いすを応援《おうえん》する会《かい》』では、さっそく全国《ぜんこく》の三十校以上《こういじょう》の修理活動《しゅうりかつどう》に参加《さんか》している工業高校《こうぎょうこう》に呼《よ》びかけて協力《きょうりょく》してもらいました。

その結果《けっか》、二〇〇五年《ねん》二月《がつ》には一三九台《だい》の車《くるま》いすを、T《ティー》シャツ、自転《じてん》車《しゃ》、杖《つえ》などの援助物資《えんじょぶっし》と共《とも》にコンテナに載《の》せて、スリランカへ贈《おく》ることができました。

運搬費《うんぱんひ》は、みんなに働《はたら》きかけて集《あつ》まった書《か》き損《そん》じハガキの収入《しゅうにゅう》でまかないました。


その後《ご》もスリランカへ車《くるま》いすを贈《おく》るための活動《かつどう》はつづき、裕美《ゆみ》さんも、二〇〇六年《ねん》、十二月《がつ》の『空飛《そらと》ぶ車《くるま》いすＩＮ《イン》スリランカ』に大勢《おおぜい》の高校生《こうこうせい》といっしょに参加《さんか》しました。

大津波以降《おおつなみいこう》『空飛《そらと》ぶ車《くるま》いす』学校《がっこう》グループからスリランカに贈《おく》られた車《くるま》いすの数《かず》は、二〇〇六年《ねん》一二月《がつ》の時点《じてん》で、すでに三五二台《だい》にのぼっています。

海外《かいがい》での活動《かつどう》には、旅費《りょひ》や宿泊《しゅくはく》などの費用《ひよう》がかかります。

裕美《ゆみ》さんの場合《ばあい》、活動費《かつどうひ》は、なくなったおばあちゃんの遺産《いさん》から出《だ》されました。

「おばあちゃんはどこにもいけなかったから、かわりにしっかりと見《み》て、学《まな》んでいらっしゃい」とお母《かあ》さんが、おばあちゃんの遺産《いさん》から海外《かいがい》での活動費《かつどうひ》を出《だ》してくれたのです。

裕美《ゆみ》さんは、スリランカで感動《かんどう》したものが二《ふた》つありました。

それは「天馬《てんま》くんの車《くるま》いす」と「おじいちゃんの車《くるま》いす」です。

神奈川工科大学《かながわこうかだいがく》の『ＫＷＲ《ケイダブリュアール》修理屋《しゅうりや》』に、千葉県《ちばけん》の斉藤天馬《さいとうてんま》くんから、車《くるま》いすの提供《ていきょう》がありました。天馬《てんま》くんとお母《かあ》さんとで書《か》いた手紙《てがみ》がつけられていました。

「ぼくが大事《だいじ》に使《つか》っていた車《くるま》いすです。修理《しゅうり》して、だれかの役《やく》にたててください」

天馬《てんま》くんは、脳性《のうせい》マヒのために足《あし》が不自由《ふじゆう》で、車《くるま》いすを使《つか》っていましたが、中学《ちゅうがく》三年生《ねんせい》になった天馬《てんま》くんの体《からだ》が大《おお》きくなり、車《くるま》いすのサイズが合《あ》わなくなったので、新《あたら》しいものにかえました。

天馬《てんま》くんは、大切《たいせつ》につかっていた車《くるま》いすを捨《す》てたくないと思《おも》ったのです。

裕美《ゆみ》さんたちは、天馬《てんま》くんの気持《きも》ちを大切《たいせつ》にしながら、車《くるま》いすを直《なお》しました。

心《こころ》をこめて修理《しゅうり》された車《くるま》いすは、海《うみ》を越《こ》えてスリランカに届《とど》き、裕美《ゆみ》さんは天馬《てんま》くんの車《くるま》いすを、直接《ちょくせつ》スリランカの子《こ》どもに渡《わた》すことができました。

「ありがとう！」

目《め》を輝《かがや》かせてお礼《れい》をいう子《こ》どもたちを見《み》ると裕美《ゆみ》さんの胸《むね》はいっぱい

になりました。

「天馬《てんま》くん！　きみの車《くるま》いす、ちゃんと届《とど》けたよ。スリランカにも、体《からだ》の不自由《ふじゆう》な子《こ》がいっぱいいるよ。津波《つなみ》でお父《とう》さんをなくした子《こ》もいるんだよ。みんなみんな、たいへんだけどがんばってる！　天馬《てんま》くんもがんばろうね」


もうひとつの感動《かんどう》は、裕美《ゆみ》さんのおじいちゃんがなくなるまで使《つか》っていた車《くるま》いすと、スリランカで出会《であ》ったことでした。おじいちゃんの車《くるま》いすを裕美《ゆみ》さんは日本《にほん》で修理《しゅうり》しました。おじいちゃんの思《おも》い出《で》がこもった車《くるま》いすです。

修理《しゅうり》していても、やさしかったおじいちゃんのことが思《おも》い出《だ》されて、涙《なみだ》がぽろぽろとこぼれました。

裕美《ゆみ》さんは、なごり惜《お》しい気持《きも》ちで、きれいになった車《くるま》いすを『空飛《そらと》ぶ車《くるま》いす』の「集荷《しゅうか》ボランティア」に渡《わた》しました。

「おじいちゃんの車《くるま》いす、いよいよ空《そら》を飛《と》ぶんだね。なんだか淋《さび》しくなっちゃう……」

そのとき裕美《ゆみ》さんは、この車《くるま》いすがどこに送《おく》られるかは知《し》りませんでした。

ところが裕美《ゆみ》さんは、スリランカのリッチモンドキャッスルで行《おこ》なわれた車《くるま》いすの贈呈式《ぞうていしき》で、おじいちゃんの車《くるま》いすと再会《さいかい》したのです。贈呈式《ぞうていしき》が行《おこ》なわれる少《すこ》し前《まえ》でした。

裕美《ゆみ》さんは、青《あお》い背《せ》もたれの車《くるま》いすが、他《ほか》の車《くるま》いすといっしょにならんでいるのに気《き》がつきました。

「あ、もしかして、おじいちゃんの車《くるま》いす？」

かけよって調《しら》べるとまちがいありません。修理《しゅうり》した神奈川工科大学《かながわこうかだいがく》のシールもはってあります。

裕美《ゆみ》さんのおじいちゃんの車《くるま》いすは、スリランカの足《あし》の不自由《ふじゆう》なおじいさんのもとで使《つか》われることになりました。

裕美《ゆみ》さんには、そのぐうぜんも不思議《ふしぎ》なものに感《かん》じられたのです。

津波《つなみ》で被害《ひがい》をうけたスリランカへの車《くるま》いすの贈呈《ぞうてい》はその後《ご》も、第二次《だいじ》輸送《ゆそう》、第三次輸送《だいじゆそう》とつづき、二〇〇七年《ねん》一二月《がつ》には、第八次輸送《だいじゆそう》が行《おこ》なわれました。

全国《ぜんこく》の工業高校《こうぎょうこうこう》などの生徒《せいと》たちが、スリランカへ贈《おく》る車《くるま》いすの車輪《しゃりん》を修理《しゅうり》したり、ノーパンクタイヤに替《か》える作業《さぎょう》にはげみました。

スリランカでは、砂地《すなち》や舗装《ほそう》されていない道《みち》で車《くるま》いすを使《つか》うことが多《おお》いので、ふつうのタイヤではパンクして使《つか》えなくなってしまいます。そのためにできるかぎりノーパンクタイヤにする必要《ひつよう》があるのです。

3　油《あぶら》だらけのサンタさん

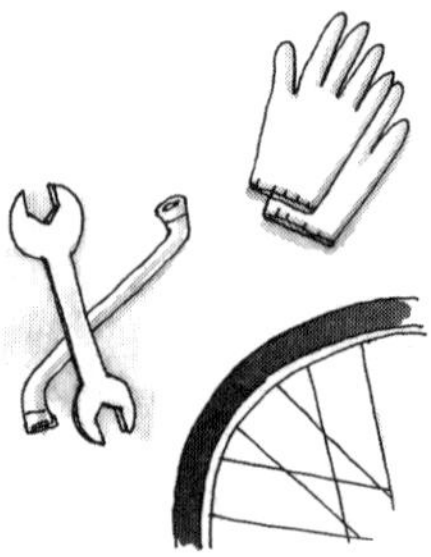

二〇〇七年《ねん》六月《がつ》三〇日《にち》、東京都大田区《とうきょうとおおたく》の大森学園高校《おおもりがくえんこうこう》でも「インド洋《よう》津波被災地《つなみひさいち》スリランカに車《くるま》いすを贈《おく》りましょう！」というスローガンのもとに修理大会《しゅうりたいかい》が開《ひら》かれました。

当時《とうじ》、ベトナムに「輸送《ゆそう》ボランティア」として行《い》きたいと計画《けいかく》していた竹下《たけした》さんも、ボロ布《ぬの》と軍手《ぐんて》を持《も》ってかけつけました。

ベトナムへ行《い》く前《まえ》に、「修理《しゅうり》ボランティア」の経験《けいけん》もしてみたい。

「裕美《ゆみ》さんの手伝《てつだ》いが少《すこ》しでもできたらなあ」

そんな気持《きも》ちの竹下《たけした》さんでした。

話《はなし》を聞《き》いたPTA《ピーティーエー》や同窓会《どうそうかい》や近所《きんじょ》の人《ひと》たちも集《あつ》まってきて会場《かいじょう》は人《ひと》でいっぱいになりました。

中学生《ちゅうがくせい》もいればお年寄《としよ》りもいます。小学生《しょうがくせい》の男《おとこ》の子《こ》も、お母《かあ》さんといっしょにやってきました。

ノーパンクタイヤの購入費《こうにゅうひ》として募集《ぼしゅう》していた書《か》き損《そん》じハガキもたくさん集《あつ》まりました。

これは大森学園高校《おおもりがくえんこうこう》にとって五回目《かいめ》の修理大会《しゅうりたいかい》でしたが、この日《ひ》修理《しゅうり》された車《くるま》いすは、この後《ご》七月《がつ》二七日《にち》に秋田《あきた》で行《おこ》なわれる「みちのく車《くるま》い

修理大会会場

す修理技術交流会《しゅうりぎじゅつこうりゅうかい》」の会場《かいじょう》へ運《はこ》ばれ、あちこちの工業高校《こうぎょうこうこう》で修理《しゅうり》された車《くるま》いすと共《とも》にすべてをノーパンクタイヤに替《か》えて、スリランカに向《む》かって船出《ふなで》をすることになっています。

修理大会《しゅうりたいかい》がはじまる午後《ごご》一時《じ》、大森学園高校《おおもりがくえんこうこう》の新築《しんちく》の明《あか》るい講堂《こうどう》は、みんなのやる気《き》でむんむんとしていました。

当日《とうじつ》の車《くるま》いすのメンテナンスの目標《もくひょう》は、三十台《だい》です。

「では、はじめましょう！　四人《にん》一組《くみ》になってとりかかってください」

大森学園高校《おおもりがくえんこうこう》の生徒会《せいとかい》顧問《こもん》の安達毅《あだちつよし》先生《せんせい》の声《こえ》が響《ひび》き渡《わた》ります。

作業《さぎょう》の内容《ないよう》は、タイヤや車輪《しゃりん》をはずし、ベアリングや前輪軸《ぜんりんじく》を清浄《せいじょう》。サビを落《お》として、シートもさっぱりと清浄《せいじょう》します。

中学《ちゅうがく》一年《ねん》の女子《じょし》が三人《にん》、手《て》を真《ま》っ黒《くろ》にしてサビ落《お》としに挑戦《ちょうせん》していました。

竹下《たけした》さんも研磨剤《けんまざい》を布《ぬの》にぬりつけて、仲間《なかま》に加《くわ》わりました。

「がんばっているねえ。座《すわ》りきりの作業《さぎょう》って思《おも》ったより大変《たいへん》だね。おじさん、もう腰《こし》が痛《いた》くなってきた」

竹下《たけした》さんが話《はな》しかけると
「でも、すごく楽《たの》しい！」

目《め》をくりくりさせてひとりの女子《じょし》中学生《ちゅうがくせい》が答《こた》えました。

竹下《たけした》さんは、作業《さぎょう》をしながら言《い》いました。

「おじさんね、七月《がつ》に車《くるま》いすを持《も》ってベトナムに行《い》くんだよ」

「えっ？」

「車《くるま》いすを運《はこ》ぶんだ。輸送《ゆそう》ボランティアをすることになったんだ。高校生《こうこうせい》が直《なお》した車《くるま》いすを、ベトナムの体《からだ》が不自由《ふじゆう》な人《ひと》たちのところにも届《とど》けるんだよ」

「わあ、すごい！　わたしも行《い》きたいな！」

「大《おお》きくなったら行《い》くといいね。この高校《こうこう》でも生徒《せいと》たちが毎年海外《まいとしかいがい》で修《しゅう》理交流会《りこうりゅうかい》をひらいているらしいから…。ところであなたたち今日《きょう》はどうして参加《さんか》したの？」

エリちゃんと呼《よ》ばれていた子《こ》が答《こた》えました。

「前《まえ》にカンボジアに本《ほん》を送《おく》るボランティア活動《かつどう》をやっていたからです」

「ほう、前《まえ》からボランティアやってたんだ！　えらいねえ。こういう活《かつ》動好《どうす》きなの？」

「好《す》き！　ぜったいやりたい！」

「なぜ？」

「人《ひと》のためになるから。これをやることでだれかが喜《よろこ》んでくれるからです」

口《くち》をあわせて三人《にん》は言《い》いました。

竹下《たけした》さんは感心《かんしん》すると同時《どうじ》にうらやましくなりました。

竹下《たけした》さんが子《こ》どもだったころにはボランティアという言葉《ことば》さえありませんでした。

戦争《せんそう》で物資《ぶっし》がなくなってきた中学《ちゅうがく》一年《ねん》のころには、竹下《たけした》さんも学徒動員《がくとどういん》として武器《ぶき》を作《つく》る工場《こうじょう》で働《はたら》きました。

といっても自分《じぶん》から進《すす》んで仕事《しごと》をするのではないのです。お役所《やくしょ》から命令《めいれい》されて、授業《じゅぎょう》を休《やす》んで働《はたら》かされるのです。

「あのころから思《おも》うと、今《いま》の子《こ》どもは自由《じゆう》でいいなあ。のびのびしているよ」

竹下《たけした》さんは、うれしそうに子《こ》どもたちを見《み》ています。

時《とき》がたつにつれ会場《かいじょう》はにぎやかさを増《ま》してきます。ガチャガチャ、ギギーと工具《こうぐ》がたてる騒音《そうおん》の中《なか》で、楽《たの》しそうな声《こえ》が飛《と》びかっています。

「みがいて、みがいて！」

「この研磨剤《けんまざい》すごくサビが落《お》ちる」

「あはは、それ、強《つよ》いんだ。気《き》をつけないと指紋《しもん》がなくなっちゃうぞ」

「うっそー！　じょうだんいわないでよ」

会話《かいわ》を聞《き》きつけた一般《いっぱん》ボランティアのお母《かあ》さんが、高校生《こうこうせい》に訊《たず》ねています。

「この研磨剤《けんまざい》どこに売《う》ってるの？　キッチンの油《あぶら》おとしに一本《ぽん》ほしいの」

「あ、それなら平和島《へいわじま》のホームセンターに売《う》っています」

技術《ぎじゅつ》のある高校生《こうこうせい》たちは、車輪《しゃりん》をはずしたり、車輪《しゃりん》の軸《じく》の中《なか》にあるべアリングを取《と》り出《だ》して清浄《せいじょう》するなど、難《むずか》しい作業《さぎょう》を担当《たんとう》します。組《く》み立《た》て直《なお》しと取《と》り付《つ》けはとても重要《じゅうよう》です。取《と》り付《つ》け後《ご》は、ばらした部品《ぶひん》の取《と》り付《つ》け忘《わす》れがないか？　各部《かくぶ》の機能《きのう》に問題《もんだい》がないか？　などの確認《かくにん》をしなければなりません。

先生方《せんせいがた》は会場《かいじょう》を熱心《ねっしん》に見回《みまわ》って、作業《さぎょう》を手伝《てつだ》ったりアドバイスを与《あた》えています。

放課後《ほうかご》、部活《ぶかつ》の時間《じかん》にもくもくと作業《さぎょう》に取《と》り組《く》んできた生徒《せいと》たちの実力《じつりょく》が、こういう場所《ばしょ》で生《い》かされるのです。

修理《しゅうり》にはげむ高校生《こうこうせい》たちは、車《くるま》いすを贈《おく》るサンタさんのようです。でも、赤《あか》い服《ふく》に白《しろ》いおひげのサンタさんではありません。汚《よご》れたつなぎに油《あぶら》だらけの手《て》と生真面目《きまじめ》な心《こころ》をもつ、口《くち》べたなサンタさんです。

高校生《こうこうせい》のサンタさんたちは、だれひとり自分《じぶん》がサンタクロースであることに気《き》がついていません。

どこをどう直《なお》せば納得《なっとく》のいく結果《けっか》が出《だ》せるか？　どの道具《どうぐ》を使《つか》えば作《さ》業《ぎょう》が順調《じゅんちょう》に進《すす》むか？　そして単調《たんちょう》なサビとりや、技術《ぎじゅつ》とあまり関係《かんけい》のないシートの清浄《せいじょう》にも、手《て》抜《ぬ》きをせずに手間《てま》ひまをかけるのです。

作業《さぎょう》の過程《かてい》は想像《そうぞう》するだけでもため息《いき》が出《で》そうです。車《くるま》いすの状況《じょうきょう》確認《かくにん》と簡単《かんたん》な修理《しゅうり》の内容《ないよう》だけでも八項目《こうもく》もあるのです。

●**車輪《しゃりん》**　車軸《しゃじく》のグリスがなくなり回転《かいてん》が悪《わる》くないか？　パンクと空気圧《くうきあつ》を確認《かくにん》、タイヤの溝《みぞ》がすり切《き》れていないか？　スポークの張《は》り確認《かくにん》と車輪《しゃりん》がゆがんでいないか？

●**ブレーキ**　ブレーキがしっかりかかるか？　ワイヤーの張《は》り具合《ぐあい》は？　切《き》れたりしていないか？

●**キャスターホイル（前輪《ぜんりん》）**　ゴミなどが詰《つ》まって回《まわ》らなくなっていないか？　ホイールがすりへっていないか？

●**フレーム（パイプ）**　パイプに切《き》れや折《お》れ、潰《つぶ》れはないか？

●**その他《た》の修理《しゅうり》と調整《ちょうせい》**　フットプレートの高《たか》さの調節《ちょうせい》。その他《ほか》の必要《ひつよう》なところの修理《しゅうり》。

●**シートの洗浄《せんじょう》**　シートがやぶれたりしていないか？　ネジが全《すべ》てについているか？　シートが汚《よご》れていないか？

●**試乗点検《しじょうてんけん》と再調整《さいちょうせい》**　ばらした部品《ぶひん》の取《と》り付《つ》け忘《わす》れがないか？　試乗走《しじょうそう》行《こう》と各部《かくぶ》、機能《きのう》に問題《もんだい》がないか再度確認《さいどかくにん》。

●**完了《かんりょう》**　一連《いちれん》の作業《さぎょう》が終《お》わり、問題《もんだい》がなければ完了《かんりょう》。

高校生《こうこうせい》たちが『空飛《そらと》ぶ車《くるま》いす』の部活《ぶかつ》で活動《かつどう》するようになった理由《りゆう》は

いろいろです。

大森学園高校《おおもりがくえんこうこう》一年生《ねんせい》の粕谷勇《かすやゆう》くんの場合《ばあい》、そのきっかけは友《とも》だちでした。

粕谷《かすや》くんの小学校時代《しょうがっこうじだい》の同級生《どうきゅうせい》に筋《きん》ジストロフィーの友《とも》だちがいました。粕谷《かすや》くんは、いつもその子《こ》のために何《なに》ができるかを考《かんが》えていました。でも、とうとう何《なに》もできずに卒業《そつぎょう》してしまいました。高校《こうこう》に入学《にゅうがく》して粕《かす》谷《や》くんは、この活動《かつどう》のことを知《し》りました。今《いま》ではいつもその子《こ》のことを思《おも》いながら、車《くるま》いすの修理活動《しゅうりかつどう》にとりくんでいます。

大森学園高校《おおもりがくえんこうこう》三年生《ねんせい》の黒沢航《くろさわわたる》くんにも強《つよ》い動機《どうき》があります。

黒沢《くろさわ》くんは心臓《しんぞう》がよわくて「今《いま》まではスポーツもだめという感《かん》じ」だったそうです。

そのため、気弱《きよわ》になって一生懸命《いっしょうけんめい》に取《と》り組《く》めるものが何《なに》ひとつなかったといいます。

でも、この活動《かつどう》を知《し》った黒沢《くろさわ》くんに勇気《ゆうき》がわいてきました。車《くるま》いすとかかわることで、障害《しょうがい》を乗《の》り越《こ》えて懸命《けんめい》に生《い》きている人《ひと》たちが大勢《おおぜい》いることを知《し》ったからです。黒沢《くろさわ》くんの弟《おとうと》も体《からだ》が不自由《ふじゆう》です。黒沢《くろさわ》くんは弟《おとうと》より不自由《ふじゆう》な体《からだ》の子《こ》どもたちがいることを知《し》って、それらの人《ひと》たちとの接《せっ》し方《かた》についても大《おお》いに考《かんが》えさせられました。

そして、自分《じぶん》が車《くるま》いすを修理《しゅうり》することで、ひとりでも多《おお》くの体《からだ》の不自《ふじ》由《ゆう》な人《ひと》が喜《よろこ》んでくれるなら！　と思《おも》って修理活動《しゅうりかつどう》にはげんでいます。

4 スリランカへ届《とど》け！ 『空《そら》飛《と》ぶ車《くるま》いす』

大森学園高校《おおもりがくえんこうこう》での修理大会《しゅうりたいかい》が行《おこ》なわれた約《やく》一か月後《げつご》の二〇〇七年《ねん》七月《がつ》。秋田県社会福祉会館《あきたけんしゃかいふくしかいかん》では『みちのく車《くるま》いす修理技術交流会《しゅうりぎじゅつこうりゅうかい》』が開《ひら》かれました。これは青少年《せいしょうねん》の交流《こうりゅう》セミナーで規模《きぼ》の大《おお》きい大会《たいかい》です。

日韓《にっかん》あわせて二十校《こう》から「スリランカに届《とど》け！空《そら》飛《と》ぶ車《くるま》いす」というスローガンのもとに一一六人《にん》の生徒《せいと》が秋田県《あきたけん》に集《あつ》まりました。

はるばる韓国《かんこく》の釜山《プサン》から智山高校《チサンこうこう》の李宰官《イジェクワン》くんや、慶南工業高校《キョンナムこうぎょうこうこう》の金太歓《キムティハン》くん、金基成《キムキサン》くんもやってきました。

通訳《つうやく》をつとめるのは裕美《ゆみ》さんの友《とも》だちの丁水慶《チョウスウキョン》さんです。

今日《きょう》の目的《もくてき》は、全国《ぜんこく》の工業高校《こうぎょうこうこう》などの修理会《しゅうりかい》で修理《しゅうり》された車《くるま》いすのタイヤをノーパンクタイヤに交換《こうかん》することです。

目標《もくひょう》は百台《だい》です。午後《ごご》四時《じ》には、日通《にっつう》の大型《おおがた》トラックが、ノーパンクタイヤに変身《へんしん》した車《くるま》いすをとりにきて東京港《とうきょうこう》に運《はこ》びます。

百台《だい》の車《くるま》いすはコンテナに載《の》せられ、スリランカへ向《む》かって船出《ふなで》するのです。

修理作業《しゅうりさぎょう》は分業《ぶんぎょう》で行《おこ》なわれます。

修理《しゅうり》、点検《てんけん》、梱包《こんぽう》など三つの作業《さぎょう》をそれぞれの学校《がっこう》の先生方《せんせいがた》が生徒《せいと》に指導《しどう》します。

今回《こんかい》の会場《かいじょう》も、つなぎの作業服《さぎょうふく》に着《き》かえた高校生《こうこうせい》たちであふれるようです。

油《あぶら》とほこりにまみれた労働《ろうどう》です。古《ふる》タイヤひとつはずすのだって力《ちから》と知恵《ちえ》がいるのです。

ドンドン、ガンガンやかましい音《おと》のなかで、汗《あせ》だくになって作業《さぎょう》がすすめられていきます。

部屋《へや》のかたすみで包装《ほうそう》がかりをやっているのは『森工車椅子会《もりこうくるまいすかい》』です。カンカンぼうしをかぶって、藍《あい》の地《じ》に白《しろ》く字《じ》を染《そ》めぬいた長《なが》い前《まえ》かけをかけた名物男《めいぶつおとこ》の渡辺亮《わたなべりょう》さんが高《たか》い声《こえ》で叫《さけ》んでいます。

「ビニールが足《た》りなめでーす！　手間《てま》かかるけど切《き》れ端《はし》もつなぎあわせて使《つか》ってくださーい！」

車《くるま》いすを包《つつ》むのにもコツがあります。

巻《ま》きものになっているエアクッションのビニールを適当《てきとう》な大《おお》きさに切《き》って床《ゆか》に広《ひろ》げ、修理《しゅうり》された車《くるま》いすを置《お》き、ていねいにくるみます。

取《と》っ手《て》が曲《ま》がるものはあらかじめまげて、上手《じょうず》に包《つつ》むと厚《あつ》さがたった二十センチぐらいのコンパクトな形《かたち》になるのです。

渡辺《わたなべ》さんは活動歴《かつどうれき》八年《ねん》。大森工業高校《おおもりこうぎょうこうこう》（現大森学園高校《げんおおもりがくえんこうこう》）時代《じだい》の『空飛《そらと》ぶ車《くるま》いす』の活動《かつどう》の第《だい》一期生《きせい》です。

渡辺《わたなべ》さんたちの活動《かつどう》は、老人《ろうじん》ホームのお年寄《としよ》りのための修理活動《しゅうりかつどう》から始《はじ》まりました。

同《おな》じく『森工車椅子会《もりこうくるまいすかい》』の坂野桂太《さかのけいた》さんは、こわれたオモチャを修理《しゅうり》する大森工業高校時代《おおもりこうぎょうこうこうじだい》のオモチャの病院《びょういん》ボランティア活動《かつどう》から車《くるま》いすの道《みち》へと入《はい》ったそうです。坂野《さかの》さんは笑《わら》いながら言《い》います。

「あのころはたいへんでした。うまく直《なお》せないと『お兄《にい》ちゃんが壊《こわ》しちゃったあ！』なんて泣《な》かれちゃって……」

この『森工車椅子会《もりこうくるまいすかい》』の特徴《とくちょう》は、八年間《ねんかん》も老人《ろうじん》ホームで車《くるま》いすの修理《しゅうり》活動《かつどう》をつづけてきたということです。

渡辺《わたなべ》さんの意見《いけん》はこうです。

「車《くるま》いすを海外《かいがい》に贈《おく》ることも大事《だいじ》なことですが、中古《ちゅうこ》の車《くるま》いすが国内《こくない》で使《つか》われなくなってしまうのであれば問題《もんだい》です。

日本《にほん》が昔《むかし》からもっている、ものを粗末《そまつ》にしない精神《せいしん》を生《い》かして、身近《みぢか》な生活《せいかつ》に役立《やくだ》てていくことはとても大切《たいせつ》なことです。それに、老人《ろうじん》ホームのおばあちゃんたち、ぼくたちとおしゃべりするのをとっても楽《たの》しみにしてるんですよ。わざわざちょっと具合《ぐあい》の悪《わる》いところをさがしだして『おねがい。ちょっときて！』なんて電話《でんわ》がかかってきたりするんです」

それに「もうひとつ」と渡辺《わたなべ》さんはつづけます。

「日本《にほん》で車《くるま》いすを修理《しゅうり》すると、乗《の》った人《ひと》の反応《はんのう》がすぐにはねかえってくるんです。へんな修理《しゅうり》をすればすぐにわかる。だめな車《くるま》いすはすぐにもどってくる。乗《の》り手《て》がわかっているから細《こま》かい調整《ちょうせい》が行《おこ》なえる。ブレーキの調節《ちょうせつ》はもちろん、片足《かたあし》が短《みじか》い方《かた》なんかは、フットプレートの高《たか》さを変《か》えることだってできるんです。つまりオーダーメイドのアフターケアです。海外《かいがい》に車《くるま》いすを贈《おく》るときにも、こうした経験《けいけん》を生《い》かした修理活動《しゅうりかつどう》をする。贈《おく》りっぱなしっていうんじゃあだめです。要《よう》は、国外《こくがい》、国内《こくない》の両方《りょうほう》を並行《へいこう》させ、うまくバランスをとりながらこの活動《かつどう》をすすめていく。それが理想《りそう》ではないでしょうか?」

今《いま》は社会人《しゃかいじん》となり時間《じかん》のゆとりもなくなった渡辺《わたなべ》さんですが、老人《ろうじん》ホームの車《くるま》いす修理《しゅうり》ボランティアとしてこれからも地道《じみち》な活動《かつどう》をつづけていくつもりだと語《かた》ります。

5　まだまだほしい車《くるま》いす

二〇〇七年《ねん》八月《がつ》二一日《にち》、ベトナムでひとりきりの「修理《しゅうり》ボランティア」を終《お》えた裕美《ゆみ》さんは、今度《こんど》はたくさんの神奈川工科大学《かながわこうかだいがく》の仲間《なかま》や大森学園高校《おおもりがくえんこうこう》の高校生《こうこうせい》たちといっしょに韓国《かんこく》のソウルにやってきていました。ソウル障害者総合福祉館《しょうがいしゃそうごうふくしかん》に、自分《じぶん》たちが修理《しゅうり》した車《くるま》いすを贈呈《ぞうてい》し、福祉館《ふくしかん》から修理《しゅうり》を依頼《いらい》された車《くるま》いすを直《なお》すためです。

高校生《こうこうせい》たちは、釜山組《プサングみ》とソウル組《ぐみ》にわかれて韓国《かんこく》に到着《とうちゃく》しました。ソウル組《ぐみ》には大森学園高校《おおもりがくえんこうこう》と東北《とうほく》の大船渡工業高校《おおふなとこうぎょうこうこう》、神奈川工科大学《かながわこうかだいがく》の生徒《せいと》や学生《がくせい》を合《あ》わせて十五名《めい》が参加《さんか》しています。

釜山組《プサングみ》は四国《しこく》の新居浜工業高校《にいはまこうぎょうこうこう》、九州《きゅうしゅう》の浮羽工業高校《うきはこうぎょうこうこう》の生徒《せいと》たち二十三名《めい》です。

この修理活動《しゅうりかつどう》でみんながいちばん困《こま》ったことは、空港《くうこう》のテロ防止《ぼうし》のための液体制限《えきたいせいげん》で、サビとりのスプレーカンなど、重要《じゅうよう》なものが没収《ぼっしゅう》されてしまったことでした。

「でも、ないものをなんとか分《わ》け合《あ》って修理《しゅうり》がはかどってよかったです」と、目《め》を輝《かがや》かせるのは初参加《はつさんか》の大森学園高校《おおもりがくえんこうこう》の女子生徒《じょしせいと》、小俣若菜《おまたわかな》さんです。

女子学生《じょしがくせい》といえば、ソウル市《し》に住《す》んでいる三人《にん》の韓国女子学生《かんこくじょしがくせい》もボランティアとして駆《か》けつけました。

修理会場《しゅうりかいじょう》には、ほかにも何名《なんめい》かの韓国《かんこく》の人《ひと》たちが集《あつ》まっています。ボロ布《ぬの》を手《て》にした大人《おとな》もいます。車《くるま》いすに乗《の》った子《こ》どもの姿《すがた》も見《み》えます。

高校生《こうこうせい》たちが自分《じぶん》の車《くるま》いすを修理《しゅうり》している間《あいだ》、じっと見守《みまも》って、そばから離《はな》れない子《こ》どもたちもいます。

今日《きょう》の会場《かいじょう》で、生徒《せいと》たちの指導《しどう》をしている大森学園高校空飛《おおもりがくえんこうこうそらと》ぶ車《くるま》いすボランティア部《ぶ》の顧問《こもん》・塚田尊明先生《つかだたかあきせんせい》は言《い》います。

「ボランティアという意識《いしき》は全《まった》くありません。逆《ぎゃく》に韓国《かんこく》にお世話《せわ》になりっぱなし。こういう場《ば》をあたえてもらって感謝《かんしゃ》しています。現場《げんば》で協力《きょうりょく》することで生徒《せいと》たちはたくさんのものをもらいます。ふだん何気《なにげ》なく修理《しゅうり》している車《くるま》いすがどう使《つか》われているか、どんなに喜《よろこ》ばれているかを知《し》るよい機会《きかい》ですから」

お母《かあ》さんに車《くるま》いすを押《お》してもらって十一歳《さい》のジンテくんがやってきました。

足《あし》の不自由《ふじゆう》なジンテくんは、日本《にほん》から車《くるま》いすをもらったことが縁《えん》で、二年前《ねんまえ》、日本《にほん》に招待《しょうたい》されて、大森学園高校《おおもりがくえんこうこう》の見学《けんがく》や遊園地《ゆうえんち》に連《つ》れて行《い》ってもらいました。

「きょうは四〇分《ぷん》かけてここにきました。ジンテが、佐々木《ささき》さんにどうしても会《あ》いたいというんです。佐々木《ささき》さんはどこにおられますか?」

お母《かあ》さんが、通訳《つうやく》の朴昭妍《ボクソヨン》さんに訊《たず》ねています。

「残念《ざんねん》ですが…」

携帯電話《けいたいでんわ》を手《て》にした朴《ボク》さんが答《こた》えました。

「佐々木《ささき》さんは、ここにはこられなくなりました。次《つぎ》の会場《かいじょう》の韓国福祉《かんこくふくし》財団《ざいだん》に直接《ちょくせつ》いかれます」

「じゃ、お会《あ》いできないんだ!」

お母《かあ》さんはがっかりしていいました。

「ジンテは佐々木《ささき》さんが大好《だいす》きなの。私《わたし》も佐々木《ささき》さんにとても会《あ》いたいです」

修理《しゅうり》がおわると、ジュースやお菓子《かし》が出《で》てみんな輪《わ》になって話《はなし》をします。

お母《かあ》さんも元気《げんき》をとりもどしました。

ジンテくんの足《あし》は、少《すこ》しずつよくなっているそうです。

「歩《ある》けるようになったら、ぼくは消防士《しょうぼうし》になりたいです！」

ジンテくんは顔《かお》を高潮《こうちょう》させていいました。

この福祉館《ふくしかん》はとてもりっぱです。保護作業《ほごさぎょう》の訓練室《くんれんしつ》や水中運動治療《すいちゅううんどうちりょう》のためのスイミングプール。心理療法《しんりりょうほう》や職業復帰《しょくぎょうふっき》のための訓練施設《くんれんしせつ》まで、体《からだ》の不自由《ふじゆう》な人《ひと》のためのさまざまな設備《せつび》がととのっています。

一日《にち》の入館者《にゅうかんしゃ》の数《かず》は一五〇〇人《にん》もあり、そのうち五〇〇人《にん》が体《からだ》の不自《ふじ》由《ゆう》な人《ひと》だそうです。

「韓国《かんこく》に中古《ちゅうこ》の車《くるま》いすを贈《おく》るなんて、かえって失礼《しつれい》にならないんでしょうか？」

それに対《たい》する院長先生《いんちょうせんせい》の答《こた》えはこうです。

「韓国《かんこく》では政府《せいふ》から車《くるま》いすの支給《しきゅう》を受《う》けられる人《ひと》は限《かぎ》られています。ですから車《くるま》いすをいただくことは体《からだ》の不自由《ふじゆう》な人々《ひとびと》にとって必要《ひつよう》なことです。それにこの車《くるま》いすには修理《しゅうり》してくれた生徒《せいと》さんたちの心《こころ》がこもっています」

そばにいた朴昭妍《ボクソヨン》さんが付《つ》け加《くわ》えました。

「ジンテもチャノもソンミもスミも日本《にほん》から車《くるま》いすをもらった子《こ》です。でも、子《こ》どもたちは車《くるま》いすをもらっただけではありません。同時《どうじ》に温《あたた》かい心《こころ》をもらったのです」

6　韓国《かんこく》からの手紙《てがみ》

この日《ひ》、日本《にほん》の高校生《こうこうせい》たちが最後《さいご》に訪問《ほうもん》したのは、ひときわりっぱな建物《たてもの》の「韓国福祉財団《かんこくふくしざいだん》」でした。

会長《かいちょう》の金石山《キムソックサン》さんは日本生《にほんう》まれだそうです。

金会長《キムかいちょう》は、白髪《はくはつ》のおだやかな紳士《しんし》です。

財団《ざいだん》を訪問《ほうもん》した日本《にほん》の生徒《せいと》たちに、ひとりひとりていねいに「アン《こ》ニョンハセヨ《んにちは》！　アンニョンハセヨ《こんにちは》！」と挨拶《あいさつ》してくれました。

そのあとつづけて日本《にほん》の生徒《せいと》たちの報告《ほうこく》になりました。

ひとりずつの体験談《たいけんだん》にじっと耳《みみ》をかたむけて、ゆっくりうなずく金会《キムかい》長《ちょう》は、やさしいおじさんという感《かん》じです。

この日《ひ》、金会長《キムかいちょう》は経済支援《けいざいしえん》の話《はな》し合《あ》いのために北朝鮮《きたちょうせん》にいく予定《よてい》でした。

それなのに、ぎりぎりの時間《じかん》まで、ゆっくりと付《つ》き合《あ》ってくださったのです。

話《はな》し合《あ》いが半分《はんぶん》ぐらい過《す》ぎたときでした。

会場《かいじょう》の扉《とびら》が、遠慮《えんりょ》がちにひらいて、佐々木《ささき》さんの顔《かお》がのぞきました。

「おくれまして、ごめんなさい！」

佐々木《ささき》さんは、ぺこりと頭《あたま》をさげました。

うしろに、釜山《プサン》から来《き》たチャノくんとお母《かあ》さんの顔《かお》がのぞいています。

佐々木《ささき》さんはチャノくんたちを迎《むか》えに行《い》っていたのです。

チャノくんは、二〇〇四年《ねん》に、大森学園高校《おおもりがくえんこうこう》で修理《しゅうり》された車《くるま》いすをもらった子《こ》ですが、その後《ご》、車《くるま》いすを学校《がっこう》におきっぱなしにして、校内《こうない》の移動《いどう》だけに使《つか》っていることがわかりました。

チャノくんの家《いえ》はアパートの五階《かい》にあります。

学校《がっこう》に行《い》くときには、お母《かあ》さんがチャノくんをおんぶして階段《かいだん》をおりて、そこからこんどは、バイクに乗《の》せて学校《がっこう》まで通《かよ》っています。

学校《がっこう》から帰《かえ》ってくると、またお母《かあ》さんがチャノくんをおんぶして階段《かいだん》を登《のぼ》ります。

当時《とうじ》チャノくんはまだ小学生《しょうがくせい》でしたが、体《からだ》のがっしりとした重《おも》い子《こ》どもでした。

そのチャノくんをおんぶして階段《かいだん》の上《のぼ》り下《お》りをするのはお母《かあ》さんに

とって大変《たいへん》なことです。

『空飛《そらと》ぶ車《くるま》いすを応援《おうえん》する会《かい》』の人《ひと》たちは「チャノくんには一台《だい》の車《くるま》いすだけではあまり役《やく》にたたないな」と話《はな》し合《あ》いました。

その後《ご》、『空飛《そらと》ぶ車《くるま》いすを応援《おうえん》する会《かい》』は、チャノくんを『空飛《そらと》ぶ車《くるま》いすの里帰《さとがえ》り』プログラムの参加者《さんかしゃ》として日本《にほん》に招《まね》きました。

チャノくんとお母《かあ》さんは、大森学園高校《おおもりがくえんこうこう》に遊《あそ》びに行《い》ったり、大泉養護《おおいずみようご》学校《がっこう》を見学《けんがく》したり、山梨《やまなし》までブドウ狩《が》りに足《あし》をのばしたりして日本《にほん》の休暇《きゅうか》を楽《たの》しみました。

そして帰《かえ》りにおみやげとして、大泉養護学校《おおいずみようごがっこう》からもうひとつの車《くるま》いすをプレゼントしてもらったのです。

今《いま》、チャノくんは中学生《ちゅうがくせい》になりました。

中学校《ちゅうがっこう》にはエレベーターがありません。

でもチャノくんは、新《あたら》しくもらった車《くるま》いすがあるので、教室《きょうしつ》から教室《きょうしつ》へ！と車《くるま》いすに乗《の》って授業《じゅぎょう》に出席《しゅっせき》することができます。

家《いえ》のなかでも車《くるま》いすを使《つか》えます。

チャノくんのお母《かあ》さんは、『空飛《そらと》ぶ車《くるま》いすの里帰《さとがえ》り』プログラムが終《お》わって日本《にほん》をはなれる日《ひ》の朝《あさ》、お世話《せわ》になった人々《ひとびと》に向《む》けてこんな手紙《てがみ》を残《のこ》しました。

日本《にほん》の『空飛《そらと》ぶ車《くるま》いす』ボランティアのみなさまへ

以前《いぜん》、私《わたし》は日本《にほん》を近《ちか》くて遠《とお》い国《くに》と思《おも》っていました。とおい昔《むかし》、われわれの先祖《せんぞ》が受《う》けたつらい経験《けいけん》をその子孫《しそん》である私《わたし》たちも感《かん》じていたからです。

しかし、今回《こんかい》『空飛《そらと》ぶ車《くるま》いすの里帰《さとがえ》り』プログラムに参加《さんか》させてもらって、今《いま》の日本《にほん》の人々《ひとびと》について、ほんの少《すこ》しだけでもわかるようになった気《き》がします。

日本《にほん》で接《せっ》した高校生《こうこうせい》やお世話《せわ》になったたくさんの皆《みな》さま、それぞれの方《かた》が、まるで親《した》しくしている近所《きんじょ》のおじさん、おばさん、友《とも》だちのように思《おも》われました。

おかげで私《わたし》は心《こころ》の扉《とびら》をひらくことができました。

（中略《ちゅうりゃく》）

チャノは今小学《いましょうがく》五年生《ねんせい》です。チャノの中学《ちゅうがく》への進学《しんがく》をあきらめていました。

でも、日本《にほん》に招《まね》かれ、日本《にほん》の福祉政策《ふくしせいさく》をまのあたりにして、チャノの進学《しんがく》をあきらめたことを恥《は》ずかしい！と思《おも》うようになりました。

大泉養護学校《おおいずみようごがっこう》を見学《けんがく》したときに、障害《しょうがい》がある子《こ》にも学《まな》ぶ機会《きかい》があたえられ、障害者《しょうがいしゃ》も社会《しゃかい》に出《で》て働《はたら》いていることを知《し》って、福祉《ふくし》について、いろいろ考《かんが》えさせられました。

今回《こんかい》の日本訪問《にほんほうもん》で、私《わたし》が得《え》たいちばん大《おお》きな収穫《しゅうかく》は、障害者《しょうがいしゃ》も社会《しゃかい》の一員《いん》として生《い》きて行《い》かなければいけないという自覚《じかく》でした。

大泉養護学校《おおいずみようごがっこう》の先生方《せんせいがた》、そして山梨県社会福祉協議会《やまなしけんしゃかいふくしきょうぎかい》ほか『空飛《そらと》ぶ車《くるま》いすの里帰《さとがえ》り』に参加《さんか》して共《とも》に過《す》ごしてくださったすべての皆《みな》さま、ありがとうございました。皆《みな》さまのやさしさを忘《わす》れずに、これからもチャノといっしょにがんばっていきたいと思《おも》います。

二〇〇五年《ねん》　帰国《きこく》する日《ひ》の朝《あさ》

鄭《ジョン》　賛鏑《チャンホ》の母《はは》

田《ジョン》　順貞《スンジョン》より

（要約《ようやく》）

二〇〇七年《ねん》、夏《なつ》の日《ひ》の午後《ごご》、ソウルの韓国福祉財団《かんこくふくしざいだん》の会議室《かいぎしつ》で、なごやかなひとときが流《なが》れていきます。

窓《まど》の外《そと》には、ソウル郊外《こうがい》の美《うつく》しい街並《まちな》みが広《ひろ》がっています。

今年《ことし》も楽《たの》しかった『空飛《そらと》ぶ車《くるま》いすＩ《イ》Ｎ《ン》韓国《かんこく》』は、予定通《よていどお》りに修理活動《しゅうりかつどう》を終《お》え、生徒《せいと》たちの心《こころ》は充実感《じゅうじつかん》でみたされています。

「カムサハムニダ《ありがとう》！」

「ありがとう！」

ふたつの国《くに》のあいだで、なによりも美《うつく》しい言葉《ことば》が飛《と》びかっていました。

おわり

「空飛《そらと》ぶ車《くるま》いす」なんでもQ&A《キューアンドエー》コーナー

「日社済《にっしゃさい》・空飛《そらと》ぶ車《くるま》いすを応援《おうえん》する会《かい》」（代表理《だいひょうり》事斉藤紀元《じさいとうのりもと》）は、2001年《ねん》9月《がつ》、日本《にほん》の工業《こうぎょう》高校生《こうこうせい》の「空飛《そらと》ぶ車《くるま》いす」活動《かつどう》を支援《しえん》するなかで、青少年《せいしょうねん》のボランティア参加《さんか》と国際協力《こくさいきょうりょく》を促進《そくしん》することを目的《もくてき》に、輸送《ゆそう》ボランティアや学校関係者《がっこうかんけいしゃ》が任意《にんい》に設立《せつりつ》したグループです。

この活動《かつどう》に一人《ひとり》でも多《おお》くの人《ひと》が参加《さんか》できるよう、「空飛《そらと》ぶ車《くるま》いす」についてQ&A《キューアンドエー》で解説《かいせつ》してみましょう。（回答協力《かいとうきょうりょく》：藤田敏彦《ふじたとしひこ》、田崎菜津子《たざきなつこ》）

Q なぜ「空飛《そらと》ぶ車《くるま》いす」というのですか？

A 飛行機《ひこうき》で運《はこ》ぶから「空飛《そらと》ぶ車《くるま》いす」

「年間《ねんかん》3万《まん》から5万台《まんだい》、15億円相当分《おくえんそうとうぶん》が人知《ひとし》れず消《き》えていく」。

この不思議《ふしぎ》な数字《すうじ》は、日本《にほん》で廃棄《はいき》される車《くるま》いすの年間推定台数《ねんかんすいていだいすう》です。

一方《いっぽう》、世界《せかい》には車《くるま》いすがない、高《たか》くて買《か》えないなどの理由《りゆう》で利用《りよう》できない人《ひと》が大勢《おおぜい》います。この矛盾《むじゅん》に、捨《す》てるのは「もったいない」と「ものづくり」を学《まな》ぶ日本《にほん》の工業高校生《こうぎょうこうこうせい》らが車《くるま》いす再生《さいせい》に挑戦《ちょうせん》しています。

これまで16か国《こく》に2,800台《だい》を越《こ》える車《くるま》いすが空《そら》を飛《と》び、海《うみ》を渡《わた》りました。

そして、インド洋津波被災地《ようつなみひさいち》スリランカとインドネシア地震被災地《じしんひさいち》にも「車《くるま》いす」を贈《おく》り、災害《さいがい》復興支援《ふっこうしえん》として現地《げんち》で大変喜《たいへんよろこ》ばれています。

Q 活動内容《かつどうないよう》を教《おし》えて下《くだ》さい。

A 車《くるま》いすをバトンにしたボランティアリレー

「空飛《そらと》ぶ車《くるま》いす」は、「車《くるま》いすの提供者《ていきょうしゃ》」、「修理《しゅうり》再生《さいせい》する高校生《こうこうせい》」、「飛行機《ひこうき》でアジアへ運《はこ》ぶ人《ひと》」そして「利用者《りようしゃ》へ届《とど》ける人《ひと》」と、車《くるま》いすをバトンにした手渡《てわた》しボランティアリレーです。

ボランティアたちは、アジアから届《とど》く1枚《まい》の利《り》用者《ようしゃ》の写真《しゃしん》や様々《さまざま》な出会《であ》いから、車《くるま》いすのドラマを知《し》り、知《し》らない国《くに》に住《す》む人々《ひとびと》の「笑顔《えがお》」に心《こころ》を動《うご》かし、「サビとり」が国《くに》を越《こ》えて役立《やくだ》つことを実感《じっかん》します。

最近《さいきん》は、修理《しゅうり》した高校生《こうこうせい》が自分《じぶん》たちで届《とど》ける学校《がっこう》が増《ふ》えています。そして、現地《げんち》で修理《しゅうり》もします。

Q 活動《かつどう》に使《つか》うお金《かね》はどうしていますか?

A 「未使用《みしよう》や書《か》き損《そん》じの官製《かんせい》はがき」を集《あつ》めています。

「空飛《そらと》ぶ車《くるま》いすを応援《おうえん》する会《かい》」が呼《よ》びかけている、誰《だれ》もが参加《さんか》できる「はがき1枚《まい》の国際協力《こくさいきょうりょく》」があります。机《つくえ》の中《なか》に眠《ねむ》っている未使用《みしよう》や書《か》き損《そん》じはがきを集《あつ》め換金《かんきん》することにより、車《くるま》いすの輸送《ゆそう》経費《けいひ》や、ノーパンクタイヤ等《とう》の費用《ひよう》に充《あ》てます。

たとえば、はがき約《やく》100枚《まい》（5000円相当《えんそうとう》分《ぶん》）で、車《くるま》いす1台分《だいぶん》のパンクしないタイヤを買《か》うことができます。

書《か》き損《そん》じはがき収集《しゅうしゅう》の専用《せんよう》ボックス（無料《むりょう》）がありますので、みなさんも参加《さんか》してください。

Q なぜ、「修理《しゅうり》ボランティア」が、高校生《こうこうせい》や大《だい》学生《がくせい》なのですか?

A 機械《きかい》の組《く》み立《た》てや分解《ぶんかい》、ものづくりの好《す》きな生徒《せいと》が、学校《がっこう》で学《まな》んだ技術《ぎじゅつ》を活用《かつよう》して取《と》り組《く》んでいます。

日本《にほん》で使用《しよう》されなくなった車《くるま》いすを修理《しゅうり》、再生《さいせい》して、アジア各国《かくこく》にプレゼントする活動《かつどう》は、工業《こうぎょう》技術《ぎじゅつ》を学《まな》ぶ高校生《こうこうせい》らしいボランティアとして、92年《ねん》、栃木工業高校《とちぎこうぎょうこうこう》が始《はじ》めました。

99年《ねん》からは「空飛《そらと》ぶ車《くるま》いす」として輸送方法《ゆそうほうほう》が船《ふね》から飛行機《ひこうき》に変《か》わり、2000年《ねん》から愛媛県立《えひめけんりつ》新居浜工業高校《にいはまこうぎょうこうこう》と大森学園高校《おおもりがくえんこうこう》（当時《とうじ》は大森工業高校《おおもりこうぎょうこうこう》）も参加《さんか》し、その後《ご》、参加校《さんかこう》は年々《ねんねん》増《ふ》え、今《いま》では23都道府県《とどうふけん》の59校《こう》に広《ひろ》がっています。

●空飛《そらと》ぶ車《くるま》いす学校《がっこう》グループ（2007年《ねん》12月現在《がつげんざい》）

【北海道《ほっかいどう》】旭川藤女子高校《あさひかわふじじょしこうこう》

【青森県《あおもりけん》】青森工業高校《あおもりこうぎょうこうこう》

【岩手県《いわてけん》】盛岡工業高校《もりおかこうぎょうこうこう》、黒沢尻工業高校《くろさわじりこうぎょうこうこう》、
水沢工業《みずさわこうぎょうこうこう》高校、一関工業高校《いちのせきこうぎょうこうこう》、宮古工業高校《みやここうぎょうこうこう》、
大船渡工業高校《おおふなとこうぎょうこうこう》、福岡工業高校《ふくおかこうぎょうこうこう》、久慈工業高校《くじこうぎょうこうこう》、
釜石工業高校《かまいしこうぎょうこうこう》、盛岡中央高校《もりおかちゅうおうこうこう》、岩手大学《いわてだいがく》

【秋田県《あきたけん》】秋田工業高校《あきたこうぎょうこうこう》、大館工業高校《おおだてこうぎょうこうこう》、
能代工業高校《のしろこうぎょうこうこう》、能代西高校《のしろにしこうこう》、男鹿工業高校《おがこうぎょうこうこう》、
横手工業高校《よこてこうぎょうこうこう》、由利工業高校《ゆりこうぎょうこうこう》、大曲工業高校《おおまがりこうぎょうこうこう》、
横手清陵学院高校《よこてせいりょうがくいんこうこう》、湯沢商工高校《ゆざわしょうこうこうこう》、明桜高校《めいおうこうこう》

【福島県《ふくしまけん》】小高工業高校《おだかこうぎょうこうこう》

【栃木県《とちぎけん》】栃木工業高校《とちぎこうぎょうこうこう》、真岡工業高校《もおかこうぎょうこうこう》

【東京都《とうきょうと》】大森学園高校《おおもりがくえんこうこう》、蔵前工業高校《くらまえこうぎょうこうこう》、
世田谷泉高校《せたがやいずみこうこう》、新宿中学校《しんじゅくちゅうがっこう》

【神奈川県《かながわけん》】神奈川工科大学《かながわこうかだいがく》、向の岡工業高校《むかいおかこうぎょうこうこう》、
神奈川総合産業高校《かながわそうごうさんぎょうこうこう》、藤沢工科高校《ふじさわこうかこうこう》

【千葉県《ちばけん》】京葉工業高校《けいようこうぎょうこうこう》

【新潟県《にいがたけん》】新潟工業高校《にいがたこうぎょうこうこう》、新潟医療福祉大学《にいがたいりょうふくしだいがく》

【岐阜県《ぎふけん》】大垣工業高校《おおがきこうぎょうこうこう》

【福井県《ふくいけん》】武生工業高校《たけふこうぎょうこうこう》、

【静岡県《しずおかけん》】御殿場高校《ごてんばこうこう》

【大阪府《おおさかふ》】堺工科高校《さかいこうかこうこう》

【滋賀県《しがけん》】瀬田高校《せたこうこう》

【兵庫県《ひょうごけん》】東播工業高校《とうばんこうぎょうこうこう》、科学技術高校《かがくぎじゅつこうこう》、
相生産業高校《あいおいさんぎょうこうこう》

【鳥取県《とっとりけん》】米子工業高校《よなごこうぎょうこうこう》、倉吉総合産業高校《くらよしそうごうさんぎょうこうこう》

【広島県《ひろしまけん》】宮島工業高校《みやじまこうぎょうこうこう》

【愛媛県《えひめけん》】新居浜工業高校《にいはまこうぎょうこうこう》、伊方中学校《いかたちゅうがっこう》
【福岡県《ふくおかけん》】福岡工業高校《ふくおかこうぎょうこうこう》、浮羽工業高校《うきはこうぎょうこうこう》
【長崎県《ながさきけん》】長崎工業高校《ながさきこうぎょうこうこう》、
【佐賀県《さがけん》】唐津工業高校《からつこうぎょうこうこう》
【沖縄県《おきなわけん》】美来工科高校《みらいこうかこうこう》、那覇工業高校《なはこうぎょうこうこう》、
宮古工業高校《みやここうぎょうこうこう》、美里工業高校《みさとこうぎょうこうこう》

修理《しゅうり》された車《くるま》いすを早《はや》く、確実《かくじつ》に届《とど》けたいという高校生《こうこうせい》の気持《きも》ちが、1999年《ねん》から「空飛《そらと》ぶ車《くるま》いす」に繋《つな》がっていくのです。飛行機《ひこうき》で運《はこ》ぶから「空飛《そらと》ぶ車《くるま》いす」なのです。

修理《しゅうり》された車《くるま》いすには、修理《しゅうり》を担当《たんとう》した学校《がっこう》のシールが貼《は》られます。

新居浜工業高校《にいはまこうぎょうこうこう》において
発案《はつあん》されたシール

このはじまりについて書《か》いた本《ほん》がありますので、読《よ》んでみてください。

●参考図書《さんこうとしょ》『空飛《そらと》ぶ車《くるま》いす——挑《いど》み続《つづ》ける工業高《こうぎょうこう》校生《こうせい》』日本社会福祉弘済会編《にほんしゃかいふくしこうさいかいへん》

Q 「空飛《そらと》ぶ車《くるま》いす学校《がっこう》グループ」に参加《さんか》するにはどうしたらいいですか?

A 学校名《がっこうめい》、住所《じゅうしょ》、クラブ名《めい》、連絡先《れんらくさき》などを知《し》らせ、申《もう》し込《こ》みます。

全国《ぜんこく》の車《くるま》いす修理《しゅうり》に取《と》り組《く》む学校《がっこう》の連携《れんけい》を深《ふか》める意味《いみ》で「空飛《そらと》ぶ車《くるま》いす学校《がっこう》グループ」と呼《よ》んでいます。

このグループは、各校《かくこう》の自主的取《じしゅてきと》り組《く》みを前提《ぜんてい》に、主《おも》に情報交換《じょうほうこうかん》を目的《もくてき》としています。また修理《しゅうり》だけでなく、修学旅行《しゅうがくりょこう》で輸送《ゆそう》ボランティアをしたり、書《か》き損《そん》じはがき収集《しゅうしゅう》ボランティアに取《と》り組《く》んでいる学校《がっこう》なども参加《さんか》しています。

参加資格《さんかしかく》や条件《じょうけん》などはありません。修理《しゅうり》はできなくても、輸送《ゆそう》やはがき収集《しゅうしゅう》ボランティアなど、どんな形《かたち》の活動《かつどう》でも参加《さんか》できます。

「空飛《そらと》ぶ車《くるま》いす学校《がっこう》グループ」は、日本《にほん》で使《つか》われなくなった車《くるま》いすを分解《ぶんかい》、整備《せいび》してアジアの子供《こども》たちにプレゼントする活動《かつどう》に取《と》り組《く》んでいる学校《がっこう》の総称《そうしょう》です。

Ⓠ 「空飛《そらと》ぶ車《くるま》いす学校《がっこう》グループ」の活動状況《かつどうじょうきょう》を教《おし》えて下《くだ》さい。

Ⓐ 修理活動《しゅうりかつどう》を一緒《いっしょ》に行《おこ》なったり、情報交換《じょうほうこうかん》などの交流《こうりゅう》もしています。

これまで韓国《かんこく》、台湾《たいわん》、タイ、マレーシア、ベトナム、スリランカで車《くるま》いすの修理活動《しゅうりかつどう》やノーパンクタイヤへの交換《こうかん》などを行《おこ》なっています。

「栃工《とちこう》タイボランティア」は16年《ねん》、「空飛《そらと》ぶ車《くるま》いすーIN《イン》韓国《かんこく》」は7年継続《ねんけいぞく》しています。

国内《こくない》でも、学校同士《がっこうどうし》の情報交換《じょうほうこうかん》や交流会《こうりゅうかい》が行《おこ》なわれ、2007年《ねん》は「いわて車《くるま》いすフレンズ情報《じょうほう》交換会《こうかんかい》（岩手《いわて》）」、「みちのく車《くるま》いす修理技術交流《しゅうりぎじゅつこうりゅう》会《かい》（秋田《あきた》）」などが行《おこ》なわれました。

Ⓠ 各国《かくこく》で受《う》け取《と》ってくれる人《ひと》は、決《き》まっているのですか？

Ⓐ 社会福祉《しゃかいふくし》の仕事《しごと》をする専門家《せんもんか》です。

日本《にほん》で全国社会福祉協議会《ぜんこくしゃかいふくしきょうぎかい》の「アジア社会福祉《しゃかいふくし》従事者研修《じゅうじしゃけんしゅう》」に参加《さんか》したソーシャルワーカーたちが受《う》け取《と》ってくれています。

ソーシャルワーカーは、社会福祉《しゃかいふくし》の専門家《せんもんか》で国《こっ》家資格《かしかく》を持《も》っている人《ひと》たちです。主《おも》な仕事《しごと》は、障《しょう》害《がい》のある人《ひと》や経済的《けいざいてき》に困《こま》っている人《ひと》などの生活《せいかつ》の相談《そうだん》や国《くに》のサービスの利用方法《りようほうほう》などをアドバイスして生活《せいかつ》を支援《しえん》することです。

「空飛《そらと》ぶ車《くるま》いす」の現地《げんち》ボランティアはこのような仕事《しごと》をしている人《ひと》たちです。自分《じぶん》の国《くに》でだれが車《くるま》いすを必要《ひつよう》としているかよく知《し》っていますので、日本《にほん》から贈《おく》った車《くるま》いすに合《あ》う人《ひと》を探《さが》して、届《とど》けてくれます。

そして、現地《げんち》の利用者《りようしゃ》などの写真《しゃしん》を送《おく》ってくれる大切《たいせつ》な友達《ともだち》です。

Ⓠ どんな国《くに》にどれくらいの車《くるま》いすが送《おく》られていますか？

Ⓐ 一番多《いちばんおお》い国《くに》は、韓国《かんこく》です。

下記《かき》のデータは、国《くに》・地域別寄贈台数《ちいきべつきぞうだいすう》です。車《くるま》いすは、どこの国《くに》でも必要《ひつよう》としていますが、韓国《かんこく》が多《おお》いのは"韓流《はんりゅう》"、修学旅行《しゅうがくりょこう》など韓国《かんこく》を訪問《ほうもん》する輸送《ゆそう》ボランティアが多《おお》いからです。

Ⓠ アジア以外《いがい》にも車《くるま》いすを送《おく》ることはありますか？

Ⓐ 届《とど》けてくれる人《ひと》がいればどこの国《くに》でもOK《オーケー》

現地《げんち》から要望《ようぼう》があり、利用者《りようしゃ》へ運《はこ》んでくれるボランティアがいればどこでもOK《オーケー》です。

旅行《りょこう》する人《ひと》だけでなく、各国《かくこく》からの留学生《りゅうがくせい》が夏休《なつやす》みなどに一時帰国《いちじきこく》するとき、自分《じぶん》の国《くに》の障害者《しょうがいしゃ》

国《くに》・地域別台数《ちいきべつだいすう》（2007年《ねん》3月末現在《がつまつげんざい》）

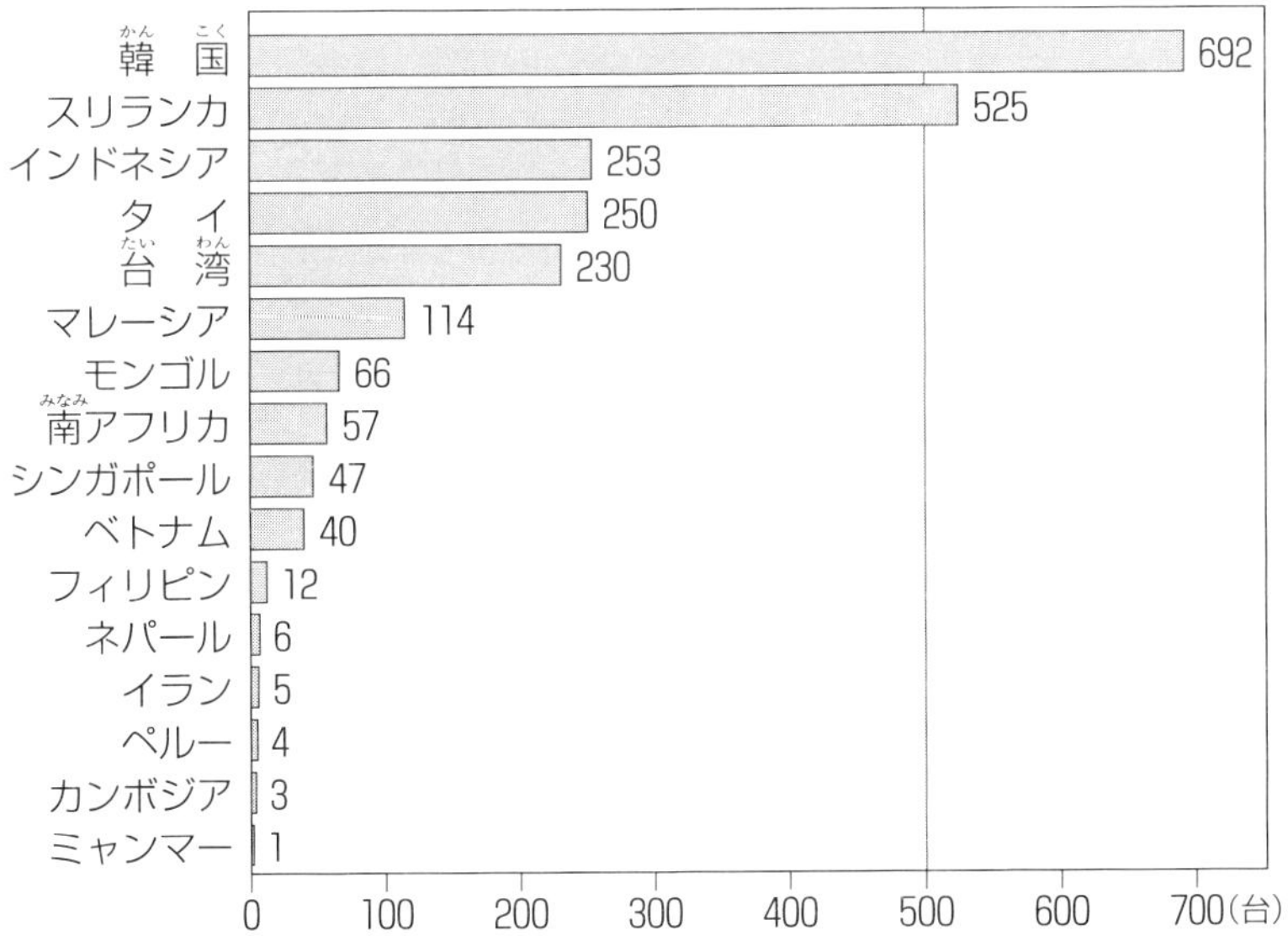

施設《しせつ》に届《とど》けていただく方法《ほうほう》もあります。

Q このボランティアリレーに関《かか》わった人《ひと》は何人《なんにん》ぐらいですか？

A 1万人《まんにん》を超《こ》えています。

日本《にほん》の修理校《しゅうりこう》は延《の》べ59校《こう》。参加生徒数《さんかせいとすう》は1校《こう》で2、3人《にん》から学年全体《がくねんぜんたい》で取《と》り組《く》んでいる場合《ばあい》もありますので、おそらくこれまで延《の》べ500名以上《めいいじょう》の高校生《こうこうせい》、教員《きょういん》が修理《しゅうり》ボランティアに参加《さんか》しています。

99年《ねん》から2、500台以上《だいいじょう》が空《そら》を飛《と》んでいますから、1台運《だいはこ》ぶのに2、3人参加《にんさんか》したとして、輸送《ゆそう》ボランティアは5千人《せんにん》を越《こ》えます。

一方《いっぽう》、海外《かいがい》では、受《う》け取《と》りボランティアは、各国合《かくこくあ》わせて50人《にん》ぐらいです。車《くるま》いすを受《う》け取《と》った方《かた》の数《かず》は、約《やく》2、000世帯《せたい》。

「はがき収集《しゅうしゅう》ボランティア」は延《の》べ2、000人《にん》以上《いじょう》にのぼります。協力航空会社《きょうりょくこうくうがいしゃ》は15社《しゃ》（アジアで就航《しゅうこう》しているほとんどの会社《かいしゃ》）。

このように推計《すいけい》すると、日本《にほん》の高校生《こうこうせい》が汗《あせ》を流《なが》して整備《せいび》してくれた車《くるま》いすリレーに、本当《ほんとう》に多《おお》くの人《ひと》や会社《かいしゃ》が参加《さんか》していることにあらためて驚《おどろ》かされます。

Q 使用《しよう》しなくなった車《くるま》いすがあります。どうすればいいですか？

A まず「空飛《そらと》ぶ車《くるま》いすを応援《おうえん》する会《かい》」に連絡《れんらく》し、次《つぎ》の要領《ようりょう》で手続《てつづ》きをします。

①車《くるま》いすの状態《じょうたい》、台数《だいすう》などを知《し》らせます。

②近《ちか》くで修理《しゅうり》、整備《せいび》してくれる学校《がっこう》があるかどうか調《しら》べます。

③そして、学校《がっこう》が受《う》け入《い》れ可能《かのう》であれば、台数《だいすう》や輸送日時《ゆそうにちじ》などを調整《ちょうせい》して、学校《がっこう》に届《とど》けます。

④学校《がっこう》には宅配便《たくはいびん》で届《とど》けます。宅配輸送《たくはいゆそう》に際《さい》して、提供者《ていきょうしゃ》には、簡単《かんたん》な梱包《こんぽう》と輸送経費《ゆそうけいひ》（1台約《だいやく》2千円《せんえん》）の負担《ふたん》が、かかります。

Q「空飛《そらと》ぶ車《くるま》いす」について、もっと知《し》りたいのですが?

A 体験《たいけん》しましょう!

ボランティアに参加《さんか》してみたい人は、下記《かき》の「空飛《そらと》ぶ車《くるま》いすを応援《おうえん》する会《かい》」に連絡《れんらく》してください。

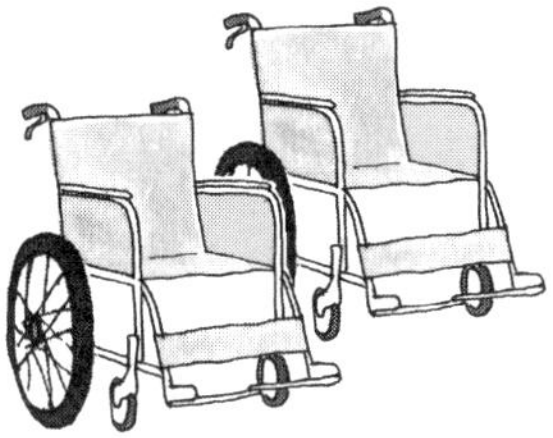

連絡先《れんらくさき》

「空飛《そらと》ぶ車《くるま》いすを応援《おうえん》する会《かい》」

〒130−0022 東京《とうきょう》都墨田区《とすみだく》江東橋《こうとうばし》 4−24−3
日本社会福祉弘済会内《にほんしゃかいふくしこうさいかいない》

TEL 03−3846−2172

FAX 03−3846−2185

E-mail KGK00174@nifty.com

ホームページ http://www.nisshasai.jp/ からアクセス可能《かのう》です。

●協力者一覧

〈日本〉 財団法人日本社会福祉弘済会
堀口裕美（修理ボランティア）
高橋紘美（受け取りボランティア）
工藤向（輸送ボランティア）
日社済・空飛ぶ車いすを応援する会
栃木県立栃木工業高等学校
愛媛県立新居浜工業高等学校
大森学園高等学校（東京）
いわて車いすフレンズ（岩手県社会福祉協議会）
秋田車いすリサイクリング（秋田県社会福祉協議会）

〈韓国〉 金石山（きむ　そっくさん）社会福祉法人韓国福祉財団
趙倫瑩（ちょう　ゆんよん）社会福祉法人ソウル障害者総合福祉館
朴昭妍（ぱく　そよん）社会福祉法人ソウル障害者総合福祉館
邊小玹（びょん　そひょん）社会福祉法人恩平天使園
丁水慶（ちょう　すうきょん）通訳

●参考資料

シェア＝国際保健協力の市民の会ニュース
ベトナムBAOニュース
世界ホットアングルJICA
NGUYEN CONG LICH
AGENT ORANGE: “Collateral Damage” in Viet Nam by P.J.Griffiths
U.S. Veteran Dispatch Staff Report Nov. 1990: The Story of Agent Orange
Organic Consumers Assn. (U.S.A.) “Agent Orange: The Persistent Ghost from the Vietnam War”
「母はダイオキシンを浴びた」中村悟郎 著（新潮社）
「ちゃぐりん」2007・8月号（家の光協会）

『空飛ぶ車いす——挑み続ける工業高校生』発行：空飛ぶ車いすを応援する会
05年活動報告「空飛ぶ車いすinスリランカ」発行：空飛ぶ車いすを応援する会
06年活動報告「空飛ぶ車いすin韓国」発行：空飛ぶ車いす学校グループ
06年活動報告「栃工国際ボランティアネットワーク」発行：栃木工業高等学校
06年活動報告「いわて車いすフレンズ」発行；岩手県社会福祉協議会
07年活動報告「みちのく車いす修理技術交流会」発行：秋田県社会福祉協議会
「空飛ぶ車いすQ&A＋車いす修理テキスト」発行：日本社会福祉弘済会

●プロフィール

文・井上　夕香（いのうえ　ゆうか）
1975年「ハムスター物語」（毎日児童小説新人賞）でデビュー。「魔女の子モッチ」（学研／小川未明文学賞優秀賞）「星空のシロ」（国土社／第九回けんぶち絵本の里びばからす賞）「実験犬シロのねがい」「老犬クー太のいのちあるかぎり」（ハート出版）「ばっちゃん」（小学館）「風のパイヨン」（実業之日本社）「み〜んなそろって学校へ行きたい！」（晶文社）「わたし、獣医になります！」（ポプラ社）ほかがある。

画・鴨下　潤（かもした　じゅん）
1971年　神奈川県生まれ。東京都在住。1995年　東京芸術大学絵画科卒業。2003年よりフリーのイラストレーターとして活動をはじめる。
童話の挿絵や幼児向け教材のイラストなどを多く手掛ける。主な作品に紙芝居「まいごうさぎのポッキー」（作、矢崎節夫　教育画劇）等がある。
ホームページ　http://www.bekkoame.ne.jp/i/ge7311/JunH.P/

空《そら》飛《と》ぶ車《くるま》いす　心《こころ》がつながるおくりもの

2008年2月8日　第1刷発行

文 ………… 井上夕香
画 ………… 鴨下潤
装幀 ……… 山口敦
編集 ……… 宮川美恵子

発行者 …… 三浦信夫
発行所 …… 株式会社　素朴社
〒150-0002　東京都渋谷区渋谷1-20-24
電話 03-3407-9688（代表）　FAX 03-3409-1286
http://sobokusha.jp/
振替00150-2-528894

印刷・製本　株式会社ディグ

ISBN978-4-903773-06-3　C8093　N.D.C916　159p　21cm